U0924610

教育部哲学社会科学研究重大课题委托项目“新时期高校校园文化建设的理论与实践”成果

教育部人才培养模式创新实验区建设项目“新型综合性大学文化素质教育创新实验区”建设成果

四川大学“985”工程大学文化建设系列丛书

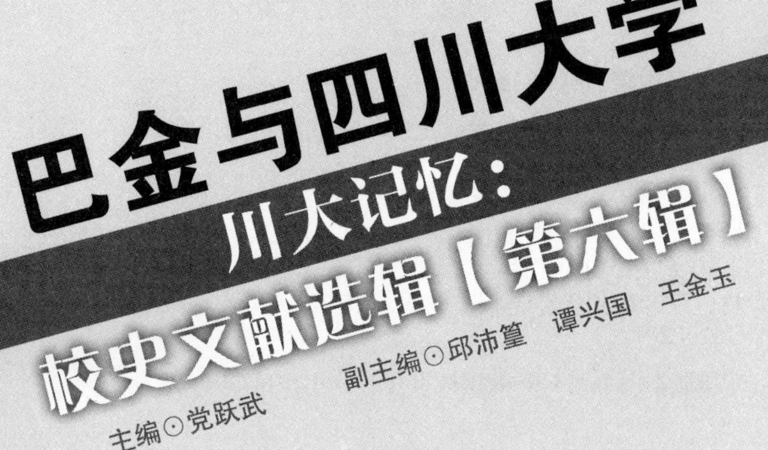

四川大学出版社

责任编辑:何　静
责任校对:周　颖
封面设计:阿　林
电脑制作:跨　克
责任印制:王　炜

图书在版编目(CIP)数据

巴金与四川大学 / 党跃武主编. —成都：四川大学出版社，2015.7
（川大记忆：校史文献选辑；6）
ISBN 978-7-5614-8799-0

Ⅰ.①巴…　Ⅱ.①党…　Ⅲ.①巴金（1904～2005）－人物研究②四川大学－校史　Ⅳ.①K825.6 ②G649.287.11

中国版本图书馆 CIP 数据核字（2015）第 167366 号

书名　**巴金与四川大学**
——川大记忆:校史文献选辑(第六辑)

主　编　党跃武
出　版　四川大学出版社
地　址　成都市一环路南一段 24 号 (610065)
发　行　四川大学出版社
书　号　ISBN 978-7-5614-8799-0
印　刷　郫县犀浦印刷厂
成品尺寸　185 mm×260 mm
印　张　15
字　数　265 千字
版　次　2015 年 9 月第 1 版
印　次　2015 年 9 月第 1 次印刷
定　价　38.00 元

◆读者邮购本书,请与本社发行科联系。
电话:(028)85408408/(028)85401670/
(028)85408023　邮政编码:610065
◆本社图书如有印装质量问题,请
寄回出版社调换。
◆网址:http://www.scup.cn

四川大学“985”工程大学文化建设系列丛书

编 委 会

目  录

第一部分　后学漫忆

第二部分 美丽人生

第三部分 巴金自述

第四部分　激扬文字

第一部分 后学漫忆

1. 看见信仰所开放的花朵

——巴金与四川大学

党跃武

图1　四川大学江安校区明远湖畔“青年时代的巴金”塑像

在四川大学一百多年悠久的历史长河中，有着一颗璀璨的明星，那就是享誉海内外的文学大师、社会活动家、“人民作家”巴金。巴金，1904年11月25日出生于四川省成都市正通顺街，历任中国文学艺术界联合会副主席、中国作家协会主席和中国人民政治协商会议全国委员会副主席等职，2005年10月17日在上海逝世。1920年至1923年，巴金在四川公立外国语专门学校（今天的四川大学前身之一）求学。当时的四川公立外国语专门学校校址位于成都市东马棚街。巴金在校期间用名李尧棠。为纪念四川大学著名校友巴金，四川大学江安校区有用他的名字命名的“巴渠”，并且专门建有“青年时代的巴金”塑像。

辉煌人生

图2　1923年的巴金

巴金原名李尧棠，字芾甘，芾甘出自《诗经·国风》中《召南·甘棠》首句“蔽芾甘棠”。巴金以笔名行，其中的“巴”源于1927年他的一位在留学法国时自杀身亡的同学巴恩波，并非一度误传的俄国无政府主义者巴枯宁；“金”则源于当时他正在翻译的《伦理学》的作者俄国无政府主义者克鲁泡特金。[1]在长达数十年的创作生涯中，他曾经用过不少的笔名，包括佩竿、极乐、非子、甘、芾、黑浪、赤波、壬平、甘宁、亦鸣、Li Fei—Kan、李冷、鸣希、BaKin、马拉、春风、B.B、P.K、一切、李一切、金、余一、比金、王文慧、马琴、欧阳镜蓉、竟容、余三、余五、余七、黄树辉、德瑞等。[2,3]

作为中国百年沧桑历史的积极参与者、见证者和记录者，巴金是中国当代最伟大的文学家。他在跨越世纪的辉煌中，关爱社会，热爱人民，用手中的笔书写人生的精彩。他著作等身，代表作有“激流三部曲”“爱情三部曲”“抗战三部

1　巴金：《巴金全集》（第二十卷），人民文学出版社，1993。
2　张晓云、唐金海：《巴金笔名考析》，载《新文学史料》，1981年第1期。
3　周斌、李安东：《石缝草论稿》，吉林文史出版社，2004。

曲”和《随想录》等。他的作品被汇编为《巴金文集》（14卷）、《巴金全集》（26卷）、《巴金译文全集》（10卷）等，文字超过千万。他的文学作品还被翻译成法语、英语、俄语、德语等二十多种文字，广泛流传于世界各国。其中，第一部法译本长篇小说《寒夜》于1978年在巴黎出版。巴金1982年获意大利但丁学会国际荣誉奖，1983年获法国荣誉军团勋章，1990年获日本福冈亚洲文化特别奖。法国前总统密特朗曾经称赞他“是当代世界伟大的作家之一”，他的“自由、开放与宏博的思想已使他成为本世纪伟大的见证人之一”。[1]

为彰显巴金的杰出贡献，经国际小天体命名委员会批准，中国科学院北京天文台将1997年11月25日发现的“小行星8315”以“巴金”命名。2004年11月，在巴金先生百年华诞之际，上海造币厂精心铸制了两枚巴金大铜章。其中，“世纪巴金大铜章”正面图案为巴金头像，左下方刻有“世纪巴金”四字；背面图案为浩瀚星空中的“巴金星”，并将100颗小星星连缀在一起，象征巴金百岁寿辰；右下方刻有巴金先生的名言“讲真话，把心交给读者”。“巴金纪念大铜章”正面主体是巴金先生的脸部特写，右下方为巴金的签名手迹；铜章背面是巴金晚年持杖缓行、低头沉思的半身像。[2]

巴金的一生是伟大而平凡的一生，是值得川大人乃至中国人自豪和骄傲的辉煌人生。2003年11月18日，在巴金先生百岁华诞前夕，国务院决定授予巴金“人民作家”荣誉称号。在《国务院关于授予巴金“人民作家”荣誉称号的决定》（国发〔2003〕27号）中，党和人民给予巴金高度的评价[3]：

人事部、文化部、中国作家协会：

巴金是我国著名作家，是我国进步文化的先驱之一。他在近一个世纪的文学生涯中，始终坚持现实主义的创作道路，在对理想的憧憬和追求中，信念坚定，热爱祖国、热爱中国共产党、热爱人民大众。他的作品结构严谨，语言简洁，抒情优美，塑造了许多性格独特而丰满的典型人物。长篇小说《灭亡》，“激流三部曲”《家》、《春》、《秋》，爱情三部曲《雾》、《雨》、《电》，《寒夜》、《火》、《憩园》、《第四病室》，短篇小说集《英雄的故事》、《明珠和玉姬》、《李大

1　张立慧、李今：《巴金研究在国外》，湖南文艺出版社，1986。

2　http://www.jibi.net/News/dtz/14_34_4_521.html.

3　http://www.gov.cn/gongbao/content/2004/content_62797.htm.

海》，中篇小说《春天里的秋天》，译著长篇小说《父与子》、《处女地》以及散文集和回忆录等都为广大人民群众所深深喜爱。

巴金是人民的作家，为我国文学事业的发展作出了杰出贡献。为贯彻落实发展先进文化的时代要求，弘扬巴金的崇高精神，国务院决定授予巴金“人民作家”荣誉称号。

国务院号召全国广大文学工作者以巴金为楷模，深入学习贯彻“三个代表”重要思想，热爱祖国，热爱中国共产党，热爱人民，深入生活，把文学创作与社会责任感统一起来，努力创作更多的思想性、艺术性相统一的优秀作品，为繁荣发展我国文学事业作出更大的贡献。

国务院

二〇〇三年十一月十八日

精神驿站

巴金逝世后，在给他家人的唁电中，四川大学师生表达了无限的怀念之情，“作为四川大学的杰出校友，巴老深受四川大学师生员工的崇敬，是四川大学的骄傲和自豪”。正是在四川大学求学期间，巴金爱国爱民的理想信念开始萌芽并且逐步成熟，他尝试着从半封闭的家庭走入变幻莫测的社会生活。因此，对于巴金而言，四川大学不仅是其辉煌人生的重要节点，更是其刻骨铭心的精神驿站。

图3　巴金（右）在成都期间与两位兄长的合影

巴金在四川大学

1920年8月初，巴金“和三哥考进了外国语专门学校，从补习班读到预科、本科，在那里接连念了两年半书”[1]。这里所说的“外国语专门学校”就是四川大学前身之一的四川公立外国语专门学校，巴金在其回忆文字中一般称为“成都外专”或“外专”。

此时的四川成都风云激荡，以四川大学前身包括国立成都高等师范学校和四川公立外国语专门学校等五大专门学校以及华西协合大学等学校师生为主体，四川成都率先发动了“外争国权，内惩国贼”的反帝、反封建爱国运动。四川大学师生创办了与《湘江评论》齐名的《星期日》等传播新思潮的进步刊物，学校因而成为四川五四运动和新文化运动的策源地。1919年5月22日，国立成都高等师范学校全体学生通电全国：“青岛卖，中国亡；章曹死，天下生。请及时力争国权，释放学生，慰留辞职各校长，杀国贼以谢天下。”

图4　1919年5月16日四川成都各界青年在皇城广场集会声援北京五四运动

1　巴金：《巴金全集》（第十二卷），人民文学出版社，1989。

星期日

The Sunday Review

勞動號

图5　20世纪20年代四川大学师生编辑出版的进步刊物《星期日》

四川學生潮

THE RENAISSANCE OF SZECHUEN STUDENTS

男女同學問題

图6　20世纪20年代四川大学师生编辑出版的进步刊物《四川学生潮》

威克烈

图7　20世纪20年代四川大学师生编辑出版的进步刊物《威克烈》

当时的国立成都高等师范学校和四川公立外国语专门学校等五大专门学校和华西协合大学后来都先后并入今天的四川大学。这些学校不仅是四川各种新的社会思潮的发祥地和传播源，也是四川乃至西南无数青年才俊的向往之所。来自云南昭通的著名国学大师姜亮夫就是在1921年成为国立成都高等师范学校的学生的。这里的新式教育和学校的文化氛围就对于青年时代的巴金自然而然地产生了巨大而深远的影响。“当五四运动发生的时候，报纸上的如火如荼的记载，就在我们的表面上平静的家庭生活里敲起了警钟。大哥的被忘却了的青春也被唤醒了：我们开始贪婪地读着本地报纸上的关于学生运动的北京通讯，以及后来上海的六三运动的记载。本地报纸上后来还转载了《新青年》和《每周评论》的文章，这些文章很使我们的头脑震动，但我们却觉得它们常说着我们想说而又不会说的话。”[1]

此时的巴金用充满激情的语言抒写了一个从传统家庭中进入新式学校的“五四青年”的心声：“五四运动像一声春雷把我从睡梦中惊醒了。我睁开了眼睛，开始看到一个崭新的世界。”[2]“面对着一个崭新的世界，我有点张皇失措，但是我已敞开胸膛尽量吸收，只要是伸手抓得到的新东西，我都一下子吞进肚里。只要是新的、进步的东西我都爱；旧的、落后的东西我都恨。”[3]其实，当时的成都除了四川公立外国语专门学校之外，还有外国传教士办的华西协合大学和国立成都高等师范学校，以及国学、法政、工业、农业、商业等方面的新式学校。在这些学校中，巴金为什么独独选择进入四川公立外国语专门学校学习呢？除了“《威克烈》就是‘外专’学生办的，那时香表哥还在‘外专’读书”外[4]，或许他看中的就是这里有更多的新鲜而神奇的东西，不仅是来自家庭之外的新东西，而且是来自中国之外的新东西。

在《谈我的“散文”》中，巴金曾经这样简单地回忆他在四川公立外国语专门学校的学习生活：“在成都学英文，念过半本美国作家华盛顿·欧文的《随笔集》，后来隔了好多年才读到英国作家吉星的《四季随笔》和日本作家厨川白村的essay等等，也不过数得出的几本。……我十几岁的时候没有机会学中文的修辞学，却念过大半本英文修辞学，也学到一点点东西，例如散文里不应有押韵的句子，我一直就在注意。……我在这方面的‘启蒙老师’是两本小说，而这两本小说偏偏是两位英国小说家写的。这两部书便是狄更斯的《大卫·考柏菲尔》和司蒂文生的《宝岛》。我十几岁学英文的时候念熟了它们，而且《宝岛》这本书还是一个英国教员教我念完的。那个时候我特别喜欢这两本小说。”[5]虽然在巴金的回忆中，有关在外专的具体学习经历，他的言语并不算多，但是，看得出他对掌握好外语这样的工具，以更好地认识社会和改造社会，充满着激情和希望。因此，对于巴金来说，四川大学前身之一四川公立外国语专门学校两年半的学习生涯虽然短暂，却给他的人生打上了不可磨灭的川大印记。

1 巴金：《巴金全集》（第十二卷），人民文学出版社，1989。
2 巴金：《巴金选集》（第十卷），四川人民出版社，1996。
3 巴金：《巴金全集》（第十七卷），人民文学出版社，1991。
4 巴金：《巴金全集》（第十二卷），人民文学出版社，1989。
5 巴金：《巴金全集》（第二十卷），人民文学出版社，1991。

人生追求的起点

在四川大学求学期间，巴金在1920年12月第一次真正接触到无政府主义的著作——俄国著名的无政府主义者克鲁泡特金的《告少年》。巴金从来都不讳言，他曾经是一名热情的、执着的无政府主义者。实际上，许多共产主义者在早期同样是一名无政府主义者或者说深受无政府主义思想的影响，包括后来成为坚定的共产主义战士的四川大学校友恽代英和吴玉章等人。[1]正是在四川大学期间，巴金不仅接触和认同了无政府主义（安那其主义，Anarchism），而且在1921年还参与组织了无政府主义团体——“均社”，并从参加“均社”起开始真正成为一名“安那其主义者”。其后，巴金多次与国外无政府主义者通信，甚至直接往来，还在一些无政府主义杂志上发表文章。[2][3]此外，巴金本人还有一些关于无政府主义的著述，如1927年巴金与君毅、惠林合著的《无政府主义与实际问题》由上海民钟社出版，1930年巴金的《从资本主义到安那其主义》由上海自由书店出版。在巴金的翻译生涯中，除了《告少年》之外，他还陆续翻译出版过克鲁泡特金的《面包略取》（又名《面包与自由》）、《狱中与逃狱》、《人生哲学：其起源及其发展》、《蒲鲁东的人生哲学》、《自传》等著作，足见其所受到的深刻影响。

当刚满十六周岁的巴金看到《告少年》这本书时，虽然还只是一个节译本，仍激动不已，“我想不到世界上还有这样的书！这里面全是我想说而没法说得清楚的话。它们是多么明显，多么合理，多么雄辩。而且那种带煽动性的笔调简直要把一个十五岁的孩子的心烧成灰了。我把这本小册子放在床头，每夜都拿出来，读了流泪，流过泪又笑。那本书后面附印着一些警句，里面有这样的一句话：‘天下第一乐事，无过于雪夜闭门读禁书。’我觉得这是千真万确的。从这时起，我才开始明白什么是正义。这正义把我的爱和恨调和起来。”[4]他说：“从《告少年》里我得到爱人类爱世界的理想，得到了一个小孩子的幻梦，相信万人享乐的社会就会和明天的太阳同升起来，一切的罪恶都会马上消灭。”[5]

---

1 张九海：《执著的乌托邦追求：刘师复无政府主义研究》，中国社会科学出版社，2011。

2 陈思和、辜也平：《巴金：新世纪的阐释——巴金国际学术研讨会论文集》，福建教育出版社，2002。

3 黄明亮、傅健：《五邑报业风云》，银河出版社，2010。

4 巴金：《巴金全集》（第十三卷），人民文学出版社，1990。

5 巴金：《巴金全集》（第十二卷），人民文学出版社，1989。

在四川大学求学期间，对巴金人生境界影响巨大的，不仅有一本书，即俄国革命家、思想家、地理学家，“无政府共产主义”的创始人，被称为“无政府王子”的克鲁泡特金（Пётр Алексéевич Кропóткин, 1842—1921）的《告少年》；而且还有一部话剧，那就是波兰作家廖·抗夫（Leopold Kampf, 1881—？）的三幕话剧《夜未央》。

就在读了《告少年》之后，激动万分的巴金希望以实际行动来展现他的一腔激情。于是，根据《告少年》这本小册子中提示的上海新青年社的地址，巴金“怀着一颗战栗的心和求助的心情”，给远在上海的《新青年》社的陈独秀写了“一生的第一封信”。他说：“这是我一生写的第一封信，我把我的全心灵都放在这里面，就像一个谦卑的孩子，我恳求他给我指一条路，我等着他来吩咐我怎样献出我个人的一切。”[1]

1920年12月，巴金没有接到陈独秀的回信，却得到了从上海寄来的剧本《夜未央》。他兴奋地读完这个剧本，激动地说：“在《夜未央》里，我看到了另一个国度的一代青年为人民争自由谋幸福的斗争之大悲剧，第一次找到了我的梦境中的英雄，我找到了我的终身事业，而这事业又是与我在仆人轿夫身上发现的原始的正义的信仰相合的。”[2]

在1937年文化生活出版社出版的由巴金翻译的《夜未央》所附的《关于廖·抗夫》中，巴金这样说：“《夜未央》不仅忠实地写出了俄国虚无主义者的精神面貌，最重要的还是在写出感情与义务之斗争，爱与死之角逐。在我所见到的描写爱与死的剧本中，这本《夜未央》要算是最好的了。”[3]后来，巴金在四川公立外国语专门学校的同学们还一起排演了《夜未央》这部充满革命精神和战斗精神的剧本。

在阅读《夜未央》的同时，巴金读到了成都出版的《半月》第14号刊登的《适社的旨趣和组织大纲》，深受感染。于是，他主动给重庆的“适社”负责人写信，还与《半月》的编辑取得了联系。1921年2月，巴金和四川公立外国语专门学校的学长吴先忧等志同道合者一起参与了《半月》的编辑和发行活动。这是巴金第一次参与编辑和发行报刊，也是他在四川大学求学期间开始的第一份真正意义上的认识社会和改造社会的实践活动。后来，巴金与吴先忧一起在成都商业

1　巴金：《巴金全集》（第十二卷），人民文学出版社，1989。
2　巴金：《巴金全集》（第十二卷），人民文学出版社，1989。
3　巴金：《巴金译文全集》（第七卷），人民文学出版社，1997。

场组建“安那其同志会编辑部”，曾经出版了《两个兵的谈话》等图书。[1]

正是在参与《半月》《革命》《警社》等杂志和图书的编辑发行所积累的经验基础上，1921年5月，巴金与共产主义者、国立成都高等师范学生袁诗荛等组建了具有无政府主义性质的社团——与重庆“适社”相互呼应的“均社”。这是巴金第一次也是唯一一次亲自组织社会团体。关于“均社”，巴金回忆说：“我的生活方式渐渐地改变了。我和那几个青年结了亲密的友谊。我做了那半月刊的同人，后来也做了编辑。此外我们还组织了一个秘密的团体均社。我被人称为‘安那其主义者’，是从这时候起的。团体成立以后就来了工作。办刊物、通讯、散传单、印书，都是我们所能够做的事情。我们有时候也开秘密会议，时间是夜里，地点总是在僻静的街道，参加会议的人并不多，但大家都是怀着严肃而紧张的心情赴会的。每次我一个人或者和一个朋友故意东弯西拐，在黑暗中走了许多路，听厌了单调的狗叫和树叶飘动声，以后走到作为会议地点的朋友的家，看见那些紧张的亲切的面孔，我们相对微微一笑，那时候我的心真要从口腔里跳了出来。我感动得几乎不觉到自己的存在了。”[2]

虽然不是巴金亲自执笔，但是他参与撰写和讨论的《均社宣言》正是发表于1921年6月1日的《半月》第二十一号上，《半月》的同人大多是“均社”的成员，在某种意义上，《均社宣言》也是《半月》的“宣言”，基本体现了巴金当时的政治主张。正如《均社宣言》所宣称，要建立一个“各尽所能，各取所需；教育普及，智能均等”的“自由、平等、互相爱助的社会”，因此，“均社”具有明确的无政府主义组织的基本性质和“拿来主义”的思想方式。《均社宣言》全文如下：

吾人生来是彼此均等的，本能和遗传虽有智愚高下，但这不是吾人自身的罪过，不能不有相等的待遇，那一切权利义务的享受服劳应当均等，贵贱、主奴、治者被治者的阶级应当划除，凡畸形制度为造成阶级束缚争杀的原动力，或阻碍平等自由互助的，都应一律取消。今略为分写在下面：

教育是智能的养成、德性的培养，□是后天的生命；人之本能遗

1　四川省地方志编纂委员会：《四川省志：出版志》，四川人民出版社，2001。
2　巴金：《巴金全集》（第十三卷），人民文学出版社，1990。

传与他动物相差不远，或且不逮，人之所以为人，全靠教育使他发展进步，即吾人不可不受相当的教育。故受教育权利，无论何人，都应当平均的享受。

劳力是吾人生活的代价，即不劳动不能得生存权。是自己生活的代价，无论何人，不能以劳力卖给人，也不能买别人的劳力供自己；无论何人，应当以相当的劳力换自己的生活，不能使劳者独劳，逸者独逸；所以工作的义务应当平均劳动。

个人有个人的完全自主权，无论何人，在精神上物质各方面，不能被人劫掠或劫掠他人，即不能以少数压制多数，亦不能以多数压制少数，要当使个性充分发展，同赴进化正轨的前途。

我们确信世界是"爱"组成的，不是"杀"组成的，即世界是互助的，不是竞争的。"爱"是人类的天性，是世界进化的要素，应当极力发挥的。"杀"乃是一种病的现象，是阻碍破坏进化的危害物，我们应当消灭他，为世界人类永久进化计，不能不消灭他，用各个人真实的"器力"去实现我们将来的"爱的世界"。

宇宙的进化，是由黑暗而进于光明，由较不善而进于较善；其在某时期中反致较恶的缘故，这是坏制度酿成，即少数人的自私自利压束劫杀的制度酿成的。现今一般人所诅咒的万恶社会，也并不是生成这样的；险恶的人欲，也并不是生成这样的。我们不可悲观，不可萎堕，促成世界人类的进化完美，全靠我们努力！我们要以各自的光明照破各自的黑暗，并达到世界光明的目的。

我们要达到以上各种目的，可现今世界偏却是恶劣的。这一切"杀"的病象，黑暗势力的造成，致使我们物质享受不能均等，即衣食住相差太远；精神享受不能均等，即教育智能都变成少数强有力者的专利品；劳者过劳，忧瘁痛苦；逸者过逸，肆为淫乐；智者愈智，愚者益愚；富者益赢余骄横，贫者愈无以为生；强有力者生杀宰割一切，弱者只供其鱼肉宰割。遂把一个完全的社会弄成粉碎，平等的社会划分阶级，光明的社会弄成污秽黑暗，爱乐的社会弄成残酷杀掠。这都是畸形制度产出恶劣的结果，才造成这种畸形恶劣的社会，我们不能不取消他。这畸形恶劣的制度是什么？就是：

（一）私产　财产原是人类公有的，如土地、林木、矿山、铁道、机械、轮船、火车等。若论理来，世界一切物产要劳动者才能享受，因为是他们制成的，但现劳动者完全不能享受，完全归于坐享现成者之手，这岂不是太不平均么？怎样社会至于如此？这完全是由私产制度生来的。既有私产制度，各都争权窃利，以利买权，倚权掠利。于是富者愈富愈强，贫者愈贫愈弱，富者终日安享荣乐，任性所为，贫者生活都不能得，那里能干别的事？自然贫者应当享受的一切，精神、物质各方面都被富者强者给抢劫完了。

（二）政府　政府即强权的根据地，把人民一切精神、物质的产物的需要，都拿给他少数人专用；并且以法律、军警等助其恶焰，强力压迫以遂他永久劫杀的私愿；造出君民、贵贱、治者、被治者的种种阶级，你抢我夺，总是以人民为牺牲。因为他们都是把人民抢够了的，本身就是资本家，所以与资本家联络一气，共同来欺压平民。这在专制立宪是这样，就在民主共和也是这样；在限制选举是这样，普遍选举还是这样；人民是莫有利益，或反见危害的。这在本国国内是这样，即国与国相对，总是各张权力，互相争战，以人民为牺牲品，永远是虐杀人民的东西。

（三）附属于政府的及其他：

甲、法律　这是政府的附属物，即是与权力狼狈为奸的东西。有权力的人，他拿法律可以欺压我们，他就拿法律来欺压；法律不能欺压我们，他就拿权力欺压；即是法律只是强有力的人专利品保护品，人民是不能受益反为受害的。并且法律根本就是限制个人不能发展的东西，不是少数压制多数，就是多数压制少数，我们只是自由契约就够了，法律是根本不能存在的。

乙、军警　军警只是强有力者的爪牙，强有力者用以保护自己，驱遣来压迫虐杀平民的。所谓禁暴止乱的话，完全是空言或增加暴乱；就是他能禁止暴乱，在我们自由、平等、互助、互爱的社会里，自无需乎用它。并且以充军警本人来说，他本是一个自由完全的人，乃因为强有力者所迷弄，遂变成压杀人民的器械。从前世界全部的黑暗污秽史，都是由这种杀害生出来的，不去掉它，世界永久莫得光明、净美的时候。

丙、宗教　宗教是迷误人智的，我们当以真理为归，无论如何不能拿一个渺茫不可知的偶像去崇拜皈依。我们当受我们理性的指导，不能为偶像的牺牲，即我们不当拿偶像去迷误别人，也不应以偶像来迷误自己。

以上几项——私产、政府、法律、军警、教会，都是妨害人类的进化，增加世界的黑暗的。有了它，无论如何，一切的享受是不平均的：教育绝不会普及，劳作绝不会均等，富贵贫贱的阶级绝不会消除，永远是残杀的世界，黑暗的世界，压迫束缚的世界，绝不会平等、自由、互相爱助的。我们为我们自己计，为人类进化计，不能不废除他。我们只晓得"各尽所能，各取所需；教育普及，智能均等"，努力做去，以实现我们自由、平等、互相爱助的社会。[1]

显而易见，在四川大学求学时的巴金还没有形成牢固的世界观和人生观，他接受无政府主义，的确是把它当作反对封建、揭露现实、追求光明的思想武器的。他对最早接触的新思想奉行"拿来主义"，其根本出发点是强烈的对当时社会的"恨"和始终的对人民大众的爱。在四川大学求学时期是巴金思想认识从不清晰的"稳定"到清晰的"不稳定"的变化时期，他如饥似渴地学习，热衷于社会实践活动，敢想敢说敢干，因而，在某种意义上，四川大学是巴金人生境界的重要支点。

文学生涯的起点

巴金是"敢于讲真话"和"把心交给读者"的"人民作家"，既是伟大的文学家，也是杰出的思想家。作为文学家的巴金，在四川大学的求学经历是他文学生涯的起点。巴金有若干个文学生涯中的第一次就是在四川大学求学期间发生的。

1921年4月，巴金在《半月》十七号公开发表了第一篇文章《怎样建设真正自由平等的社会》。这也是他的第一篇政论性文章。他说："我的第一篇文章在刊物上发表，也不曾引起任何的麻烦，那个时候我不过是一个小孩，会写些带感情的话。我大胆地凭个人的直觉否定了整个现社会制度的存在，而且有一股傻

1　葛懋春等：《无政府主义思想资料选》，北京大学出版社，1984。

劲，觉得为一篇文章杀头也算不了一回事。”[1]

1922年3月，巴金在参与创办的成都《平民之声》周刊第四至第六期上，以连载的形式发表了第一篇文学评论《托尔斯泰的生平和学说》。虽然他本人对这篇作品评价不高，后来也没有收入任何文集之中。他还曾经说：“这自然说不上研究，唯一的秘诀是抄书。”[2]但是，这毕竟是他第一次专门介绍外国作家的文章，也可称之为文学评论作品。

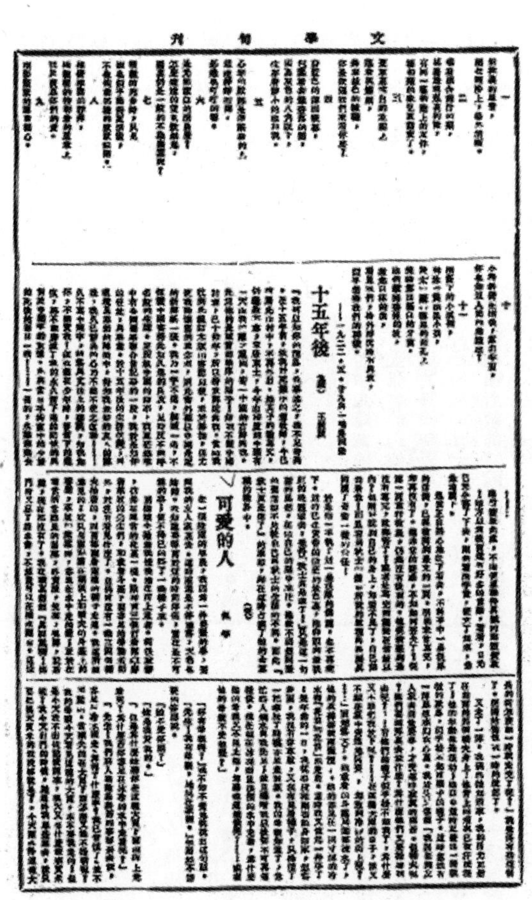
文學旬刊

十五年後

可愛的人

图8　巴金纪实散文《可爱的人》（《文学旬刊》）

1922年7月21日，巴金在上海《时事新报》副刊《文学旬刊》发表了第一组

1　巴金：《巴金全集》（第十二卷），人民文学出版社，1989。
2　巴金：《巴金全集》（第十二卷），人民文学出版社，1989。

新诗《被虐待者底哭声》。巴金一生所写的诗歌不多，成就也不是十分突出，但是，《被虐待者底哭声》更多地体现的是巴金当时对社会的认识和思考，是研究巴金思想不可或缺的文学作品。

1922年11月1日，巴金在上海《时事新报》副刊《文学旬刊》发表了他当年9月3日所写的第一篇纪实散文《可爱的人》。在《可爱的人》的文末，巴金说："这个可爱的人的悲惨的故事，好像印在我的心上似的。"这个故事深深地刺痛了巴金，也深深地刺痛了读者。

1923年1月20日，巴金先生发表了第一篇翻译作品《旗号》。短篇小说《信号》（The Signal）曾译为《旗号》，是俄国作家迦尔洵的作品。据不完全统计，目前可见《信号》的中文翻译版本有15种，作者也曾经被误为契诃夫和托尔斯泰。其中，巴金就有两个翻译版本。

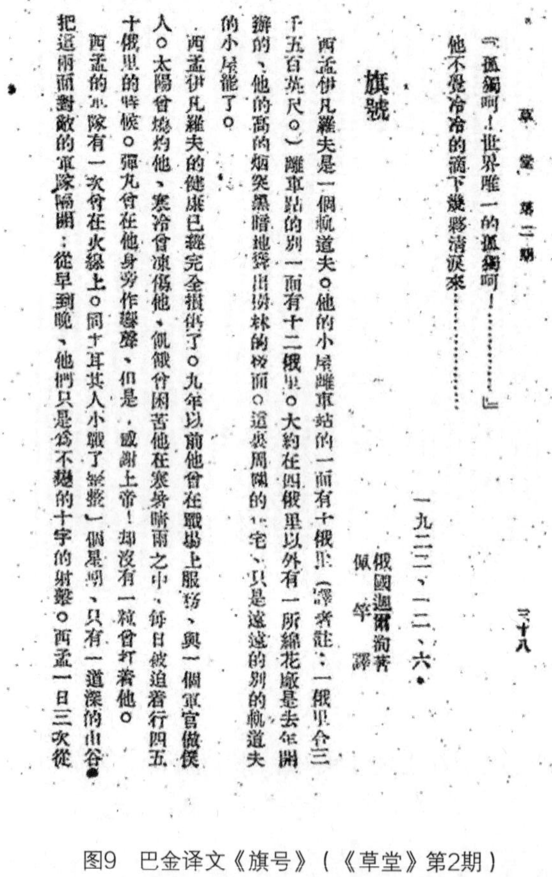

草堂 第二期　　三十八

『孤獨呵！世界唯一的孤獨呵！…………』

他不覺冷冷的滴下幾顆清淚來…………

一九二三、一二、六。

旗號

俄國迦爾洵著
佩竿譯

西孟伊凡羅夫是一個軌道夫。他的小屋離車站的一面有十俄里（譯者註：一俄里合三千五百英尺。）離車站的別一面有十二俄里。大約在四俄里以外有一所綿花廠是去年開辦的、他的高的烟突黑暗地聳出樹林的後面。這裏周圍的住宅、只是遠遠的別的軌道夫的小屋罷了。

西孟伊凡羅夫的健康已經完全損傷了。九年以前他曾在戰場上服務、與一個軍官做僕人。太陽曾燒灼他、寒冷曾凍傷他、飢餓曾困苦他在寒暑晴雨之中，每日被迫着行四五十俄里的時候。彈丸曾在他身旁作響聲、但是，感謝上帝！却沒有一粒曾打着他。

西孟的軍隊有一次曾在火線上。同土耳其人小戰了整整一個星期、只有一道深的山谷把這兩面對敵的軍隊隔開：從早到晚、他們只是爲不斷的十字的射擊。西孟一日三次從

图9　巴金译文《旗号》（《草堂》第2期）

表1 《信号》（The Signal）部分翻译版本

题名	作　者	译　者	出　处	主人公名字
旗号	契诃夫	秋　人	《民国日报·觉悟》1922年第3卷第16期：2-3页；第17期：2-3页	赛母扬·伊凡诺夫，范色赉·斯梯板诺支
旗号	迦尔洵	佩　竿	《草堂》1922年第2期：38-53页	西孟伊凡罗夫，瓦西里司特板李支（桦西里，瓦西里司毕利多夫）
信号	迦尔逊	朱大枏	《晨报副刊》1928年4月2日：2版；4月3日：4版；4月4日：6版	森扬伊凡诺夫，伐斯利斯提彭利奇
旗号	Vsevolod M. Garshin	伍纯武	《光华期刊》1928年第3期：1-8页	舍木容·爱凡那夫，伐喜来·司得彭益戚
信号	迦尔洵	L. L. Annun, Stunun	《文艺战线》1928年第4号：1-3页；第6号：1-2页；第7号：3-4页	西米扬·伊凡诺夫，华西尼·斯德巴尼克
信号	迦尔洵	心　笛	《国闻周报》1930年第7卷第23期：1-6页	西门·伊凡纳夫，卫司利·司台潘连克
信号	加耳兴（Vsevolod M. Garshin）	颂　义	《明灯》1931年第174期：658-663页	西门伊凡纳夫，万士来斯戴派
信号	加尔洵	创　美	《学生》1943年第2卷第2期：63-69页	包绵·伊万诺夫，华西里·斯特彭利奇
信号	加　辛	丁往道	《前路文艺》1947年第1卷第2期，12-15页	赛米翁·伊凡诺夫，维斯莱·斯太潘尼奇
信号	浮司浮诺德M.嘉新	无　名	《国防新报》1947年第20期：21-24页	西门伊凡诺夫，法西利斯庇利多夫
信号	讬尔斯泰	大　本	《春风》1949年第3卷第9期：13-17页	希蒙伊凡诺夫，凡士来司戴派
信号	Vsevolod M. Garshin	雪　枫	《邮汇生活》1949年第24期：360-363页	西木扬·伊万诺夫，瓦斯莱·斯特潘尼奇
信号	迦尔洵（Всеволод, Михайлович, Гаршин）	巴　金	《红花（附信号）》上海出版公司，1953：36-54页	谢明·伊凡诺夫，瓦西里·司节潘尼奇
信号	Ф.迦尔洵	高文风	《迦尔洵短篇小说集》黑龙江人民出版社，1981年：193-204页	谢苗·伊凡诺夫，瓦西里·斯彼里托夫
信号	迦尔洵（В.М.Гашин）	冯　加	《迦尔洵小说集》外国文学出版社，1983：401-413页	谢苗·伊万诺夫，瓦西里·斯捷潘内奇

1922年，巴金根据英译本《俄国短篇小说集》转译这篇小说，译文六千余字。翌年1月，巴金用笔名佩竿将译文《旗号》发表在成都《草堂》文艺月刊第2期上。他非常喜爱这篇短篇小说，曾将小说主人公瓦西里说的“没有比人更凶

残的畜生了”引用在自己的小说《灭亡》中的人物对话中。在杜大心的日记中也写道：“迦尔洵说过，‘狼不吃狼，人却欣然地吃人呢！’”据说，杜大心的这一页日记摘自巴金本人的日记。由此可见这篇小说留给巴金的深刻印象。20多年之后，1950年10月，巴金第二次翻译了这篇小说并更名为《信号》，还改正了早年译本中一些误译和不准确之处。1953年，《红花（附信号）》由上海出版公司出版。60多年之后，巴金在1991年出版的《巴金译文选集》的序言中，还深情地提到这篇小说：“我爱它超过爱自己的作品。我在它那里找到自己的思想感情，它是我的老师，我译出的作品都是我的老师，我翻译首先是为了学习。那么翻译《信号》就是学习人道主义吧。我这一生很难摆脱迦尔洵的影响，我经常想起他写小说写到一半忽然埋头痛哭的事，我也常常在写作中和人物一同哭笑。”[1]

情系川大

巴金作为四川成都人，又曾经在四川大学学习过两年多的时间，自然与四川大学有着不解之缘。

就其文学作品而言，巴金的小说当然不是自传，但处处有他的影子以及身边的人和事，自然也有当年的四川公立外国语专门学校。他在谈到《家》时，就说过：“我写《家》的时候也决没有想到用觉慧代表我自己。固然觉慧也做我做过的事情，譬如他在‘外专’读书，他交结新朋友，他编辑刊物，他创办阅报处，这些我都做过。”[2]

在巴金的“激流三部曲”中，不仅有很多场景取自他曾经就读的四川公立外国语专门学校，如同学们一起排练戏剧《夜未央》等，而且还有不少人物的原型就是四川大学的前身四川公立外国语专门学校和国立成都高等师范学校等学校的学生。他曾经说：“觉民在周报社的活动也就是我自己的活动。不过我并没有参加演戏。张惠如是我的一个老朋友，现在还在成都担任学校的工作。方继舜的真名是袁诗荛。他编辑《学生潮》，为了梨园榜痛骂某名流的时候，还是高师的学生。我那些朋友当时的确演过《夜未央》。”[3]

1　巴金：《巴金译文选集》，生活·读书·新知三联书店，1991。
2　巴金：《巴金全集》（第一卷），人民文学出版社，1986。
3　巴金：《巴金全集》（第二十卷），人民文学出版社，1993。

袁诗荛与巴金

国立成都师范大学教师袁诗荛（1897—1928），四川盐亭人，1916年至1921年在国立成都高等师范学校学习，时为无政府主义者。五四运动时期，他与同为国立成都高等师范学校学生的张秀熟分别担任四川全省学生联合会正、副理事长。他参加了王右木在1920年9月组织的马克思读书会，后来成为共产党员。1928年，他被四川军阀杀害，时任中共川西特委宣传部长。

图10　袁诗荛烈士

1919年，五四运动爆发，袁诗荛最先在学校宣讲北京消息。在担任四川全省学生联合会领导职务后，他不仅主办四川全省学生联合会机关刊物《四川学生潮》，还与巴金等一起兴办《半月》和《革命》等刊物，共同创建了"均社"，发表大量文章，抨击封建礼教，为妇女解放呐喊，宣传"劳工神圣"等新文化、新思想。巴金后来回忆说："那时候我们只等着一个机会来交出我们个人的一切，而且相信在这样的牺牲之后，理想的新世界就会跟着明天的太阳一同升起来。"[1]巴金怀着对袁诗荛的敬佩之情，将他写进自己的小说《家》《春》《秋》中，其中的进步青年方继舜的原型就是袁诗荛。

在《家》中，方继舜是在觉民和觉慧的对话中出场的："你忘记了去年他们几个人发表梨园榜，点小旦薛月秋做状元，被高师的方继舜在《学生潮》上面痛

1　巴金：《巴金全集》（第十二卷），人民文学出版社，1989。

骂了一顿？他们那种人什么事都做得出来，横竖他们是本省的绅士、名流。”[1]

在《春》中，巴金则是通过琴的内心独白来介绍方继舜的：“方继舜，这个名字是她熟悉的。她知道他是停刊了的《学生潮》周刊的编辑，他在那上面发表过一篇题作《道德革命》的长文，接连刊登了三期，中间因为攻击到孔教会的几个重要分子，省城里的大名流、老绅士之类，曾经引起一般保守派的责难，要不是由于当时的学生联合会几次抗议（《学生潮》是学生联合会的会刊），他早就会被高等师范开除了。这件事情是经过一番斗争的。斗争的结果，方继舜本身并没有受到什么损害，他不过辞去了《学生潮》的编辑职务，由另一个思想较为缓和的同学来接替他。这是两年前的事情，但是到现在还不曾被许多年轻人忘记，虽然《学生潮》已经停刊。琴自然不会忘记。而且冯乐山就是被方继舜攻击到的名流里面的一个。她知道冯乐山，她不久以前还在高家看见过，又听见淑华转述的婉儿说的那些话。她因为种种的事情憎恨那个伪君子，假善人。事实使她相信方继舜的攻击是合理的。方继舜说的也似乎就是她所想说而说不出来的话，方继舜居然勇敢地写出来了。旧社会的压力并不曾使他屈服。他现在还是那么坚定地站在她的面前。他对她露出温和的笑容，用清晰而稳重的声音向她说话。她感动地，甚至带了一点崇敬的感情来回答他的问语。”[2]

在袁诗荛毕业离开成都后，巴金还继续与他保持通信联系和密切的社会交往。现存的巴金最早的书信手稿，就是他1921年暑假后给在张澜主持的南充中学担任教务主任的袁诗荛的信。全文如下：

诗荛兄：

来信收到。

《革命》印刷交涉失败，洪先生说要检查后才能印，我们这样东西怎么能送去检查呢？版已排好，结果由我们付了六元半钱的版费（此是先忧去交涉的，详情可问他），现在大约油印出版。

《利群》停门事，先忧要告诉你。

《社会运动》只出了两期，第一号我这里没有（成都也没有见过这书），第二期重庆某君寄了几份来（他说，全的只是这几份，其余的

1　巴金：《巴金全集》（第一卷），人民文学出版社，1984。
2　巴金：《巴金全集》（第二卷），人民文学出版社，1984。

不是没有第一号，就是没有第二号，总清不齐全五张），故现只寄上一份，请查收。《兵的说话》现寄上几份，其余稍缓再寄。

得“人道学社”（汉口）通告，谓北京同志陈德荣等二君在京被捕，不知何故，俟探得时再报。

在远东运动会场散传单被捕的同志，自公堂判坐西牢十年（持平一人）、半年（革生、唯奇等三人）（华清语多乞怜，故未得坐西牢，其余的四人皆不肯低首于民贼之前，故都判坐西牢）后，经天研、危舟、介眉等筹款六百五十元（半为“适社”印刷费，半由同志筹集），请律师辩护，费了九牛二虎之力始于前日覆讯，结果还是无效，而律师费已去，奈何，奈何！

天研著了一部问答书，解释吾党学说非常详细，现归泰东书局出版，版权作送，两月内出书。

上海近来成立了个“安那其同志社”，有宣言发表，俟到时再寄与你。

武汉“明社”已成立，为武昌、汉口、汉阳三处同志所组织，宣言尚未印好。请了。

祝你努力！

芾甘[1]

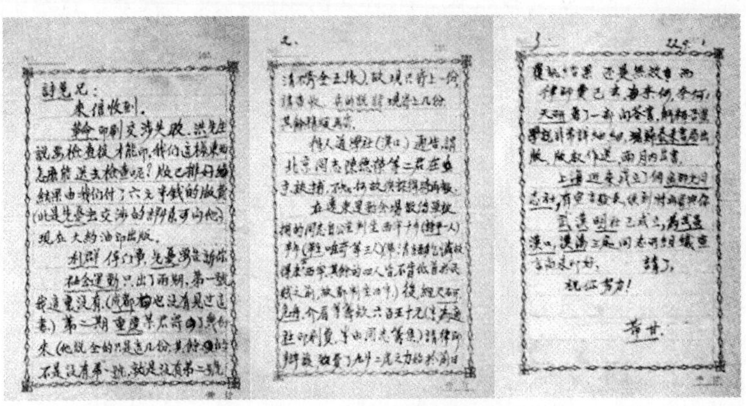

图11　巴金写给袁诗荛的信

1　中国人民政治协商会议四川省盐亭县委员会文史资料委员会：《盐亭文史第19辑：庆祝中国共产党成立80周年专辑》，中国人民政治协商会议四川省盐亭县委员会，2000。

吴先忧与巴金

图12　1950年成都川剧暨曲艺界欢送贾培之、周企何出席成都市首届各界人民代表会议（二排左起第二人为吴先忧）[1]

吴先忧（1901—1965），原名厚长，四川成都人。1919年前后在四川公立外国语专门学校学习，1930年毕业于华西协合大学。历任成都华西协合中学、重庆清华中学、重庆南林中学等校校长，南林文法学院教授兼教务长、系主任，重庆乡村建设学院副教授。中华人民共和国成立后，他加入中国民主同盟，任成都第十三中学校长。曾当选为川西区各界人民代表会议代表、成都市人大代表、成都市政协委员。[2 3 4 5 6]

四川公立外国语专门学校学生吴先忧比巴金高一届，他是小说《家》《春》《秋》中的进步青年张惠如的原型。在《家》中，巴金曾经描述过张惠如的故事："'我今天干了一件有趣的事情。我今天早晨出来，居然在箱子里头找到一

1　http: //www.mala.cnthread-946844-1-1.html.
2　新华时事丛刊社：《基督教人士的爱国运动》，新华书店，1950。
3　政协成都市委员会文史资料委员会：《成都文史资料选辑：蜀都俊彦》，成都出版社，1995。
4　秦和平：《基督宗教在四川传播史稿》，四川人民出版社，2006。
5　政协成都市委员会：《成都市政协志》，四川人民出版社，1997。
6　杨武能、邱沛篁：《成都大词典》，四川辞书出版社，1995。

件去年新做的薄棉袍子穿在身上。这个时候穿棉袍子！太笑话了！我姐姐恐怕会疑心我有神经病。我说我冷，一定要穿着出去，我姐姐也把我没有办法。哈哈……'他把众人都惹笑了。他一面笑，一面说下去：'我穿了棉袍从家里走出来。真热得要命！……热得真难受。幸好当铺离我家还不远，我走了进去把棉袍寄放在那里。出来时非常轻松，非常舒服，而且又有钱缴月捐。还如今天没有回家，我刚才在路上碰见他，对他说了，他也忍不住大笑。'他说完又跟着众人笑了一阵。'那么你回去怎样对你姐姐说呢？'觉慧忽然问道。'我早想到了。就说后来觉得热了，把它脱在朋友家里。她不会起疑心。如果真瞒不住她，就说了真话也不要紧。她也许会出钱替我取回来，'张惠如得意地答道。"[1]

《半月》的主要参与者除了吴先忧、袁诗荛和巴金外，还有何又涵、刘砚僧、来希宗、舒君实、张拾遗、沈若仙、陈竹影和秦德君等。[2]他们或许都可以从巴金的小说中找到一些影子。其中，吴先忧的影响是毋庸置疑的。作为小说《家》中张惠如的原型，四川公立外国语专门学校学长吴先忧尤其使巴金感到敬佩，称他为"我的第三个先生"。

巴金曾经回忆说："在《我的幼年》里，我叙说过我怎样认识那些青年朋友。这位先生就是那些人中间的一个。他是《半月》的一个编辑，我们举行会议时总有他在场；我们每天晚上在商场楼上《半月》报社办事的时候，他又是最热心的一个。他还是我在外国语专门学校的同学，班次比我高。我刚进去不久，他就中途辍了学。他辍学的原因是要到裁缝店去当学徒。他的家境虽不宽裕，可是还有钱供他读书。但是他认为'不劳动者不得食'，说'劳动是神圣的事'。他为了使他的言行一致，毅然脱离了学生生活，真的跑到一家裁缝店规规矩矩地行了拜师礼，订了当徒弟的契约。我这个先生的牺牲精神和言行一致的决心，以及他不顾一切毅然实行自己主张的勇气和毅力，在我的生活里留下了不可磨灭的影响。我第一次在他的身上看见了信仰所开放的花朵。他使我第一次知道一个人的毅力会做出什么样的事情。母亲教给我'爱'；轿夫老周教给我'忠实'（公道）；朋友吴教给我'自己牺牲'。我虽然到现在还不能够做到像他那样地'否定自己'，但是我的行为却始终受着这个影响的支配。"[3]

1 巴金：《巴金全集》（第一卷），人民文学出版社，1984。
2 中国人民政治协商会议全国委员会文史资料委员会：《五四运动亲历记》，中国文史出版社，1999。
3 巴金：《巴金全集》（第十三卷），人民文学出版社，1990。

巴金与吴先忧及其家人保持了长期的联系。1956年12月1日，巴金与吴先忧通信。1960年10月至1961年2月在成都期间，两人多次见面，还一起游览武侯祠等处。1974年8月29日，巴金在给李致的信中提到自己与吴先忧的女儿吴学素见面。1978年7月12日，巴金请李致代为赠书给吴先忧的夫人沈钰颉和另一位老朋友四川大学教授卢剑波。[1 2]

廖学章与巴金

图13　廖学章

廖学章（1880—1953），原名天祥，四川华阳人。曾两度留学日本，历任四川公立外国语专门学校校长、四川省城高等学堂和国立成都高等师范学校教授、国立成都大学外文系教授兼主任，曾经是郭沫若、李劼人、周太玄、王光祈等人的英语教师，后将自己位于成都东马棚街的一处房产捐赠出来，作为“四川大学毕业同学会”活动地点。巴金在小说《家》中多次提到的成都外专即四川公立外国语专门学校的校长就是廖学章。[3 4]

在小说中，觉民说：“现在教育经费都被挪去充作军费用掉了。每个学堂都是一样地穷。不过我们学堂不同一点，因为我们校长跟外国教员订了约，不管上

1　李致：《巴金教我做人》，宁夏人民出版社，1998。
2　陈丹晨：《巴金全传》，中国青年出版社，2009。
3　杨武能、邱沛篁：《成都大词典》，四川辞书出版社，1995。
4　党跃武：《四川大学校长传略：第一辑》，四川大学出版社，2014。

课不上课，总是照约付薪水，多上几天课倒便宜些。……据说校长跟督军有点关系，所以拿钱要方便一点。”在提到学校准备招收女生时，觉民说：“这也没有多大的关系！只要我们校长下了决心就行了”“我们校长说过，假使没有女学这事者是不了了之，觉慧埋怨道‘岂但演戏，便是开放女禁的事也给打仗打掉了。现在这学期又快完了。招收女生的话简直没有人提起了’，校长也不声不响。其实，校长本来就是爱说空话的人”。觉民还曾经说过：“我们学堂里头除了朱先生是英国人整天穿西装外，只有校长有一套西装，照例每年开游艺会的时候穿一次，此外就没有看见什么人穿西装了。”[1]小说中的督军大概是指当时的四川军阀邓锡侯。廖学章晚年这样回忆巴金在校时的情况：“当时大家子女大多是坐轿子上学，就没有看见过巴金坐轿子，总是走路上学；而且天晴下雨总是爱夹着一把布伞。巴金读书很用功，成绩很好，思想也活跃，课外时间还要和同学办小报，那时我们就看出这个学生以后会很有出息。”[2]

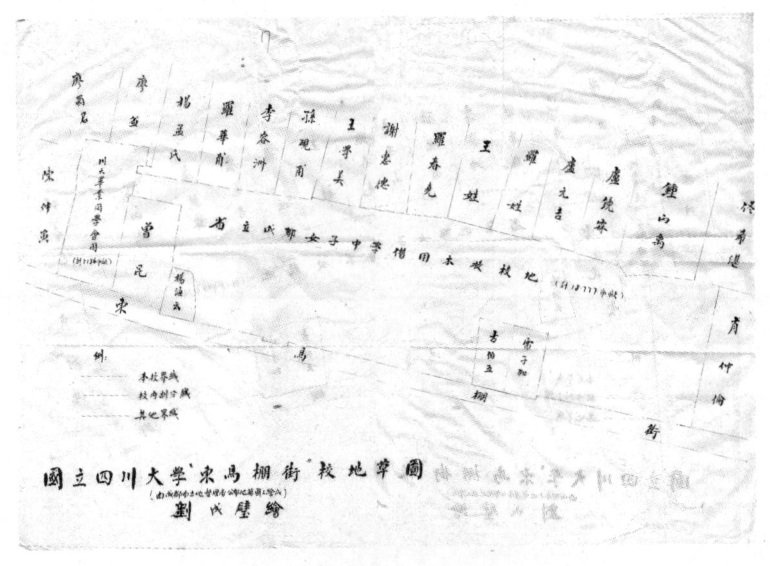

图14　国立四川大学“东马棚街”校地草图

在《秋》中，方继舜曾经这样评价廖学章：“你们‘外专’没有问题，廖校长本来就是个新派，他不会听他们的话，跟我们的校长不同”[3]。“我们的校长”

1　巴金：《巴金全集》（第一卷），人民文学出版社，1984。
2　党跃武：《四川大学校长传略：第一辑》，四川大学出版社，2014。
3　巴金：《巴金全集》（第三卷），人民文学出版社，1984。

即四川大学的另一前身当时的国立成都高等师范学校校长贺孝齐。

贺孝齐（1885—1945），字伯仲，重庆永川人。1913年至1914年任国立武昌高等师范学校校长，1919年至1922年任国立成都高等师范学校校长，后来历任四川省教育厅厅长、四川灌县知事、彭县县长、华阳县长、四川省烟草专卖局局长等职务。贺孝齐曾留学日本，与廖学章及其继任者吴玉章等相比较，的确算是比较老派，但是他仍然提倡“自学辅导主义”，支持王右木等师生的进步活动，还曾作为四川省会教职员联合会的国立成都高等师范学校代表参加了共产党人王右木组织的“教育经费独立运动”。[1][2]

柳林与巴金

在巴金的翻译作品中，有大量的世界语翻译作品。[3]巴金在四川大学主要学习的是英语和法语，而作为进步青年的巴金与世界语结缘也是在四川大学求学前后，更离不开四川大学校友，一个名叫柳林的韩国人。1922年，巴金第一次向当时的国立成都高等师范学生，被韩国学者誉为“君在大韩重，君去大韩空”的韩国独立运动领导人柳林学习世界语。

图15　柳林（摄于20世纪50年代）

柳林（1898—1961），韩国全州人，本名华宗，号旦洲，1922年至1926曾经

1　杨武能、邱沛篁：《成都大词典》，四川辞书出版社，1995。
2　四川省永川县志编修委员会：《永川县志》，四川人民出版社，1997。
3　王友贵：《巴金文学翻译初探》，载《巴金研究》，2000年第1期。

在四川大学前身国立成都高等师范学校英语专业学习，在校用名高尚真，入学时学校校长为吴玉章。四川大学档案馆至今还保存着他当年在校的学籍档案。巴金称其为“高自性”，可能是由于发音的问题。1921年5月，巴金在《半月》第二十号上发表了《世界语（Esperanto）之特点》。第二年，刚到国立成都高等师范学校学习的世界语推广者柳林专门拜访了巴金，商量如何推广世界语的问题。

柳林是巴金接触到的第一个韩国青年。其实，当时的巴金并不十分懂世界语，就向他学习了一些世界语的初步知识。巴金曾经在《关于〈火〉》中回忆道：“我第一次接触朝鲜人，是在一九二一年或者一九二二年。我在三十年代写的回忆文章里就讲过，‘五四’以后我参加成都的《半月》杂志社，在刊物上发表过三篇东西，都是从别人书中抄来的材料和辞句，其中一篇是介绍世界语的，而我自己当时却没有学过世界语。不久就有人拿着这本杂志来找我，他学过世界语，要同我商量怎样推广世界语，他在高等师范念书，姓高，说是朝鲜人。我便请他教我世界语，但也只学了几次就停了，推广的工作也不曾开展过。我和高先生接触不多，但是我感觉到朝鲜人和我们不同，我们那一套人情世故，我们那一套待人处世的礼貌和习惯他们不喜欢，他们老实、认真、坦率而且自尊心强。这只是我一点肤浅的印象。”[1]在1979年3月10日《致岛田恭子》的书信中，他也说：“我在成都学过世界语。一个叫高自性的朝鲜人教过我”。[2][3][4]

卢剑波与巴金

卢剑波（1904—1991），原名卢廷杰，笔名田申雨、左馨等。四川合江人。上海国民大学毕业，先后在上海正始高中、成都美术专科学校、四川省立高中、成都华西协合中学任教。1944年起任四川大学教授。曾任世界古代史研究会副理事长、中华全国世界语协会理事等。有《萨樊事件》《妇女解放与性爱》《社会价值的变革》《因明易解》《古希腊语》《世界产业工会史》《爱琴文明的探

1　巴金：《巴金全集》（第二十卷），人民文学出版社，1993。
2　巴金：《巴金书简》（初编），四川文艺出版社，1987。
3　侯志平：《世界语运动在中国》，中国世界语出版社，1985。
4　陈思和：《人格的发展：巴金传》，上海人民出版社，1992。

原》《海涅诗选》《世界语理论》等。[1][2]

图16　卢剑波

巴金早在1921年就经陈小我介绍和当时在重庆工作的无政府主义者卢剑波通信。1924年初，巴金在南京东南大学附中补习，与当时在南京编辑《民锋》月刊的卢剑波相见，两人常常在闲暇时候一起饮茶，议论时务。后来，卢剑波来到上海和毛一波、卫惠林等组织工人成立工团自治联合会，与巴金过往更为密切。1925年8月，巴金与卢剑波、邓天矞夫妇一同住在上海法租界贝勒路天祥里（现在的黄陂南路）的一幢楼房里。9月，巴金与卢剑波共同参与《民众》半月刊的创办。1926年3月，巴金读到卢剑波翻译的高德曼的《俄国革命的妇女》，感到"异常高兴，希望此篇文章能引起国人的注意，来援救那些在困难中的俄国女同胞"，于是他撰写了《俄罗斯革命妇女》（补正），发表在《新女性》月刊第一卷第四号上。1927年3月，巴金和卫惠林、吴克刚在巴黎合写的《无政府主义与实际问题》在《民钟》月刊上发表后，卢剑波从国内写信批判文中的某些观点。巴金在回信中申述了自己的观点，并简要地进行了反驳。1947年，巴金为卢剑波编辑出版了小说集《心字》。这是他第一次为朋友编辑作品，他还专门为《心字》题写了后记，称赞卢剑波的文章就"象花开以前所受的雨露或阳光"。"他

1　中外名人研究中心：《中国当代名人录》，上海人民出版社，1994。

2　中国人民政治协商会议四川省合江县委员会文史资料委员会合江县县志编纂委员会：《合江县文史资料选辑》（第11辑），中国人民政治协商会议四川省合江县委员会文史资料委员会，1992。

自己愿做一个为理想献身的革命家……可是他始终找不着牺牲的机会。……后来他改变了生活方式……做了十几年的中学教师，生活在四川的一个角落里，几乎与外面的世界隔绝……他的生活变得更简单，更平凡，身体更衰弱，观察也更透彻。……他不再被人称为'才子'，他也不再显露那火花一现似的锋芒。他的眼界，他的四周扩大了。他的脚步稳定了。正如他自己所说，'一个人的生命有限，而人的生命无限，时间无限'。瞭望着将来，他'存蓄着无限的希望'。"巴金直言不讳地声称："我喜欢我有这样一个朋友"。[1 2 3]

巴金与卢剑波交往甚深，他曾称卢为"中国的甘地"。[4]新中国成立后，巴金几次回成都都与他见过面。后来巴金还多次与卢剑波通信，主要有1977年2月1日、4月24日、7月9日，1979年4月2日，1980年1月1日、7月1日，1986年4月25日，1987年12月7日，1988年8月3日等通信。[5]1987年10月9日，四川大学教授卢剑波二十七年后在成都再次见到巴金。他写下了《别巴金》一诗：

霹雳缘何迟？秋意已阑珊。
旦暮思奋发，岂惧雪与霜！
前日见故人，一别廿七年。
谢君相勉励，未死还发扬。
羽翼尚未剪，意志犹顽强。
理想信不诬，笔墨透纸张。
莫言名与利，名利毒肺肝。
痴愚缘自性，何者为彭殇？
百岁等旦暮，息息当自强。
言语未道断，忍死效春蚕。
别君势梦想，引领望武康。[6]

1 巴金：《巴金全集》（第十九卷），人民文学出版社，1993。
2 蒋刚：《珍贵的友谊：谈谈巴金和他的挚友们》，载《巴金研究》，1998年第3期。
3 贺圣遂、姜华：《出版的品质》，复旦大学出版社，2012。
4 山口守、坂井洋史：《巴金的世界：两个日本人论巴金》，东方出版社，1996。
5 巴金：《巴金全集》（第二十二卷），人民文学出版社，1993。
6 张中庠、丁国璋：《荔乡吟》，合江县诗书画院，1988年。

张秀熟等与巴金

在四川大学校友中，巴金的好友还有张秀熟、李劼人等。

张秀熟（1895—1994），四川平武人。1916年，他考入当时的国立成都高等师范学校。历任中共成都市委第一任书记和川西特委书记、中共四川省委代理书记、四川省副省长、四川省人民代表大会常务委员会副主任等职。[1]

李劼人（1891—1962），原名李家祥，四川成都人。中国现代具有世界影响的文学大师，文学翻译家，社会活动家、实业家。曾经与周太玄、魏时珍等就读于四川大学前身当时的四川省城高等学堂分设中学堂，后任四川大学前身当时的国立成都大学教授。新中国成立后，曾任成都市副市长、四川省文学艺术界联合会副主席等职。[2]

在《秋》中，从巴金对方继舜的描述来看，方继舜的原型不仅仅是袁诗荛，他的身上还有张秀熟等人的影子："方继舜今年二十八岁，高等师范学校四年级的学生，面容显得比他的年纪老，不过那种常在沉毅的表情却使人相信他是一个充满活力的青年。"[3]当时，张秀熟是四川全省学生联合会的理事长，在某种意义上还是袁诗荛的领导。而且在巴金的作品中，进步青年黄存仁身上也或多或少地有1923年四川省全省学生联合会评议部主任黄代国的影子，他是马克思读书会会员，四川大学前身国立成都高等师范学校图画专修科的学生。[4]

1987年10月，巴金第五次回成都，由于身体太差，行动困难，遂谢绝了一切应酬，主要与一些老友相聚。当时，张秀熟、沙汀、艾芜、马识途等在成都蜀风园草堂餐厅设宴为巴金接风。其中，张秀熟是国立成都高等师范学校的学生，马识途在就读西南联合大学之前曾经在国立四川大学外文系就读。[5]沙汀、艾芜这两位著名的四川乡土作家，也曾是四川大学中文系的兼职教授。这是"巴蜀五老"最后一次聚会。当听说比自己年纪大的张秀熟是走路来赴宴的，巴金也"孩子的气"地要求走路进餐厅。在宴会厅，他们谈文论诗，非常热闹。巴金还多次谈起在学校求学的经历，请老友代他向母校师生致意。张秀熟在后来一次回母校专访

1 党跃武、郭勇：《川大名言》，四川大学出版社，2012。
2 党跃武、郭勇：《川大名言》，四川大学出版社，2012。
3 巴金：《巴金全集》（第三卷），人民文学出版社，1984。
4 中共成都市委党史工作委员会、成都市中共党史研究会：《中国共产党党史研究论文选》，成都科技大学出版社，1987。
5 马识途：《马识途文集：风雨人生》，四川文艺出版社，2005。

时，向学校转达了巴金的问候。[1][2]

其实，四川大学的师生和校友中，还有许多人与巴金结缘。

鲜为人知的是1942年，巴金回到成都。他专门请有“中国牙医第一人”之称，华西协合大学毕业，时任华西、齐鲁、中央三大学联合医院牙症医院院长的黄天启（1891—1985）给他看牙齿。[3]

1956年，巴金作为人民代表回四川视察，和宋云彬一起视察了四川省图书馆、成都市新华书店、四川大学等处。在四川大学，他更多的是与青年时代的朋友、四川大学教授卢剑波见面。当时，四川大学校长彭迪先热情接待了他，并且一同就餐。[4]

1980年9月至1981年8月，在上海进修学习期间，四川大学新闻学教授邱沛篁先后八次到巴金在上海的家中采访，受到热情的接待，并得到许多教诲和帮助。巴金曾经专门赠书《家》《春》《秋》，并题字“学到老”。邱沛篁教授将其中的一本转赠四川大学校史展览馆。八访巴金的宝贵经历成为邱教授永生难忘的珍贵记忆，带给他受惠终生的教益。[5]

1984年秋天，时任四川大学档案馆副馆长兼校史办公室主任的陈光复与游训天等同志利用到上海出差的机会，专程去上海武康路拜访巴金。当时他已八十多岁高龄，长年卧床，手抖不能写字，也不常见客，由其妹李瑞钰两边转述。在得知众人称他为校友时，他很高兴地说：“是啊，是啊，都这么多年了，变化大啊！”随即他赠送了一张近照，嘱咐转呈学校。[6]

毕业于四川大学中文系的谭兴国是著名的巴金研究者，著有《巴金生平和创作》《巴金美学思想论稿》《走近巴金的世界》等。他曾经在1991年到上海拜访巴金。巴金告诉他：“在我九十岁的时候，一定要回家乡看看。”可惜的是，由于疾病和其他缘故，他的愿望最终没有实现。[7]

四川大学九三学社主任委员、华西医院何生教授1956年还在成都上初中二年级，非常喜欢巴金的作品。一次，他在作文中写下了“我的头上笼罩着乌云，阳

1 http://ent.sina.com.cn/2003-10-30/0334223899.html.
2 陈光复：《走近校友巴金》，载《四川大学校报》，2006年8月23日。
3 陈丹晨：《巴金全传》，中国青年出版社，2009。
4 陈丹晨：《巴金全传》，中国青年出版社，2009。
5 http://news.163.com/14/1123/06/ABNE7NUV00014AED.html.
6 陈光复：《走近校友巴金》，载《四川大学校报》，2006年8月23日。
7 李舒：《白发下燃烧的心》，载《作家文汇》，1996年6月25日。

光照不到我头上”这样消沉的句子。老师看后非常吃惊，把他的情况写信告诉了远在上海的巴金。没想到与何生素昧平生的巴金很快回了信。除了热情鼓励何生外，巴金还寄来了他的新作《大快乐的日子》。多年以后，何生教授回忆说：“是巴老带我走出了人生的困境。”[1]

永远的巴金

1996年，四川大学迎来了百年校庆。当年3月，巴金专门托亲属赠送学校《巴金全集》和《巴金译文全集》各一套。现在，这两套书分别被珍藏在四川大学图书馆和四川大学校史展览馆。他同时送来亲自签章书信一封，以“校友”名义恭贺“母校百年庆典”，“祝母校兴旺、人才辈出”。

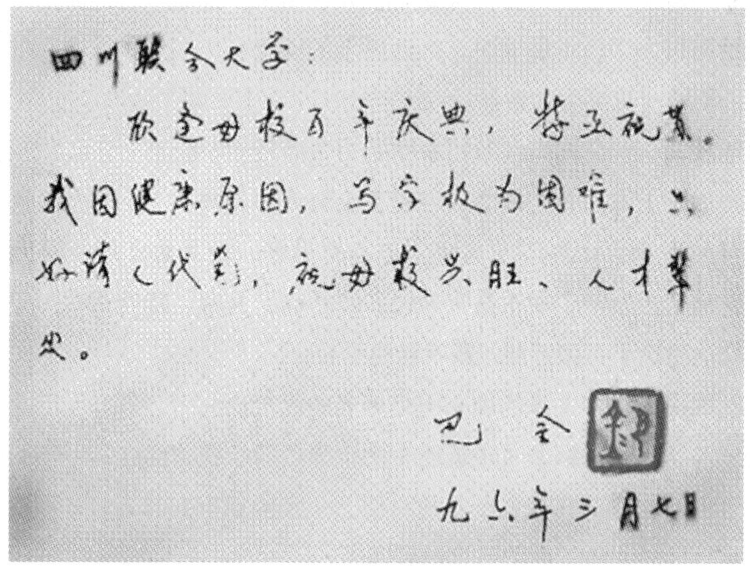

四川联合大学：

欣逢母校百年庆典，特函祝贺。我因健康原因，写字极为困难，只好请人代笔，祝母校兴旺、人才辈出。

巴金

九六年三月七日

图17　巴金给四川大学（当时名为四川联合大学）的信

作为四川大学最杰出的校友，巴金离开母校已经九十多年，离开我们也近十年了。但是，他的伟大精神透过他的文学作品和人格魅力，从来没有离开我们，永远留在每一个四川大学人的心中。

1　http://www.gmw.cn/content/2005-10/19/content_319564.htm.

图18　1923年巴金离开家乡和母校前与家人合影（后排右一）

从在四川大学求学期间的无政府主义思想的启蒙者，到成为一名爱国家、爱人民和讲真话的“人民作家”，巴金的一生是诗意的人生。在四川大学求学期间的巴金，有时彷徨迷茫，有时坚毅卓绝，有时柔情似水，有时澎湃激越。在校园生活的熏陶下，在社会激流的冲击下，在师友学长的感染下，巴金不断地成长。他迫切地需要到更为广阔的天地中去，甚至连上海和南京也不是他求学的目的地。离开家乡和母校，是不甘于现实的巴金的必然选择。他当年因探索碰壁而离开家乡和母校，但却永远深爱着家乡。他饱含深情地说：“我家乡的泥土，我祖国的土地，我永远同你们在一起接受阳光雨露，与花树禾苗一同生长。我唯一的心愿是：化作泥土，留在人们温暖的脚印里。”[1]

在谈到他和志同道合者们在狭小局促的房间里指点江山社稷，激扬文字时，巴金曾经深情地说：“友情和信仰在这个阴暗的房间里开放了花朵。”[2]正如前面提到的，巴金曾经评价他的成都外专学长吴先忧说：“我第一次在他的身上看见了信仰所开放的花朵。”

是啊，当时的四川公立外国语专门学校（四川大学前身）还远远不能说是最理想的求学圣地，但是，她给了巴金追求新知的养分，给了巴金探索世界的空间，给了巴金人生奋斗的阶梯。母校四川大学不正是这能够“看见信仰所开放的花朵”的地方吗？

1　巴金：《随想录》，作家出版社，2005。
2　巴金：《巴金全集》（第十三卷），人民文学出版社，1990。

2. 有信仰的人是幸福的人

——巴金早期在成都的求学经历和他的社会理想

谭 红 沈 军

2014年是巴金先生诞辰110周年，社会各界都在举办各种形式的纪念活动。作为一位被称作“世纪老人”的文学家，巴金被赞誉为“二十世纪中国文学的良心”。他是敢于“说真话”的杰出代表，永远值得世人敬仰。比较而言，学术界对巴金晚年思想的研究远胜于对他早期思想形成的关注，本文主要从家庭影响、社会影响和学校影响等几个方面去探索巴金青少年时期在成都的成长和求学经历，追寻一代文学大师的青春梦想和社会理想，或许在今天仍然有着非同寻常的现实意义。

“家”对一个人一生的影响

巴金（1904—2005）原名李尧棠，字芾甘，取自《诗经·召南·甘棠》之诗句“蔽芾甘棠”[1]。1904年11月25日（农历甲辰年十月十九日），巴金诞生于成都正通顺街的一个官宦人家。这个“家”就是他在成都正通顺街98号的故居，如今建筑已不存，现仅存有一处双眼井，就是当年李公馆大门外的旧景物，被列为成都市文物保护单位。巴金1987年回到成都时曾专门去看过双眼井，并说：“只要双眼井在，我就可以找到童年的足迹。”在这个封建传统大家庭里，“有将近

1 唐金海、张晓云主编：《巴金年谱》，四川文艺出版社，1989。

二十个长辈，有三十个以上的兄弟姊妹，有四五十个男女仆人”[1]，巴金是幸运的，和善的父亲，慈爱的母亲，友爱的兄弟姊妹，连私塾先生也“从来不骂学生，脸上永远带着温和的微笑”，甚至家仆女佣也充满“诚挚的爱护”，这让巴金从小在充满“爱”的氛围中长大。

巴金的父亲李道河（号子舟），是祖父李镛（号皖云）的长子，曾做过两年广元县令，辛亥革命前夕辞官回到成都，置田40亩，帮助祖父管理大家庭。祖父做过官，后闲居在家，实为大家庭的家长。父亲性情温和善良，在衙门办案时“没有判过一个人死罪”，在家的时候“不曾看见他骂过人”。[2]“母亲陈淑芬，是这个封建大家庭的长媳，知书识礼，为人性情平和、厚道，对孩子慈爱，但不娇宠。”[3]母亲在巴金幼小的心灵播下了爱的种子，教给他的最完满的一个字就是“爱”：“她教我爱一切人，不管他们贫或富；她叫我去帮助那些在困苦中需要扶助的人”，后来巴金把母亲称为自己的“第一个先生”。巴金深情地回忆说：“因为受到了爱，认识了爱，才知道把爱拿来分给别人，才想对自己以外的人做点事情。把我和这社会联起来的也正是这个爱字，这是我全性格的根柢。”[4]。“我们爱夜晚在花园上面天空中照耀的星群，我们爱春天在桃柳枝上鸣叫的小鸟，我们爱那从树梢洒到草地上面的月光，我们爱那使水面现出明亮珠子的太阳。我们爱一只猫，一只小鸟。我们爱一切的人。这个爱字就是母亲教给我的。”[5]“爱”为巴金铺成了人生的底色。

巴金幼时白天上私塾“认方块字，或者读《三字经》、《百家姓》、《千字文》”，晚上回家听母亲教诗词，讲故事。巴金的母亲写得一手娟秀的小楷，她用自己抄写的《白香词谱》，教儿女们吟诵诗词，讲述故事，这样围桌读书的夜晚，美好无比。二十多年后巴金深情地回忆说：“这是我们幼年时代的唯一的音乐。”巴金的母亲不仅知书达理，而且思想开明，1911年秋天，巴金的二姐尧桢患肺结核，一度病情危重，“母亲思想颇开通，请四圣祠的英国女医生治疗。还特意买了刀、叉，置备西点招待她。”“这位接触最早的西洋妇女，和蔼可亲，给巴金留下了美好的印象。”[6]以后母亲与几个英国女教士有交往，还带着巴金到

1 巴金：《巴金全集》（第十三卷），人民文学出版社，1990。
2 唐金海、张晓云主编：《巴金年谱》，四川文艺出版社，1989。
3 唐金海、张晓云主编：《巴金年谱》，四川文艺出版社，1989。
4 唐金海、张晓云主编：《巴金年谱》，四川文艺出版社，1989。
5 谭兴国：《走进巴金的世界》，四川文艺出版社，2003。
6 唐金海、张晓云主编：《巴金年谱》，四川文艺出版社，1989。

医院玩，外国朋友送给母亲的《新旧约全书》中文译本，巴金也很感兴趣，觉得这本书的封面精致，与中国的线装书完全是两种不同装帧，因此印象深刻。巴金的二姐服了西药，病有些好转，但遭遇母亲病故之痛，病情加重，父亲又只相信中医，二姐终于不治而亡，时年十六岁。[1]

巴金虽然声称自己“不是因为想做文人而写小说”[2]，但他的天性中似乎又有着做一个“文人”的禀赋，他敏感的心灵对周遭一切都感同身受。他幼年时为一只大公鸡免遭烹杀，向母亲流泪求情，那时他才5岁；他在私塾放学后跑到自家的后院玩耍，捡拾落在地上的花瓣，在方砖上拼成许多“春”字，此时巴金只有9岁；三哥打了丫头，受到母亲的责备；父亲升堂动用毒刑审案，经母亲劝说后不再用刑，幼小的巴金都看在眼里，记在心里。

巴金爱大自然的一花一草，爱所有的生灵，他天性敏感，富于同情心，体谅他人的感受，关注他人的命运，他积攒在心中的想法需要倾吐，需要通过文字来抒发感情、发表思想，最终走上文学创作的道路，也仿佛是顺理成章的事。虽然他一再申明说：“我不是一个文学家，也不想把小说当名山盛业。我只是把写小说当作我的生活的一部分。”[3]他说：“我写小说是为了安慰我的寂寞的心，是为了发散我的热情，宣泄我的悲愤，是为了替那些被不合理的社会制度逼迫着做了牺牲的年青人呼吁，叫冤。因为我不能够做别的有用的事情，因为我没有别的武器，我才拿起笔用它做武器，来攻击我的敌人。”[4]

1914年，母亲病逝，巴金10岁。1917年，父亲病故，巴金13岁。父母的早逝，让这个在“温室”中长大的幸福少年感到了从未有过的孤独和空虚，他的人生开始有了第一个阴影，他“似懂非懂地了解生活的恐怖和悲痛的意义”，“渐渐变成了一个爱思想的孩子”。尽管家境仍然优裕，祖父也特别疼爱巴金，1917年冬，巴金病后身体日渐虚弱，“祖父出钱，为巴金订了一瓶牛奶”[5]。但物质条件的优越不能替代精神的需求，随着年龄的增长，巴金有了对自由的向往，“家”在这个时候变成了一个“囚笼”，他想飞向更广阔的天空。

在封建大家庭长大的巴金，对社会环境中的不合理、不平等的现象和丑恶、

1　巴金：《巴金全集》（第十三卷），人民文学出版社，1990。
2　《〈灭亡〉作者底自白》，载《开明》第22期，1930年4月。
3　《灵魂的呼号》，《大陆杂志》第1卷第5期，1932年11月1日
4　《关于两个〈三部曲〉》，载《抗战文艺》第7卷第2～3期合刊，1941年3月20日。
5　唐金海、张晓云主编：《巴金年谱》，四川文艺出版社，1989。

残酷的东西仿佛怀有天生的敏感和同情，他从小就喜欢和家中女佣、仆人、马夫们一起玩，“听他们讲各种民间故事，讲各人苦难的身世。”他渐渐明白了“上人”和“下人”观念，社会成员的组成是分等级的。“我生活在仆人、轿夫的中间。我看见他们怀着原始的正义的信仰过那种受苦的生活，我知道他们的欢乐和痛苦，我看见他们怎样跟贫困挣扎而屈服、而死亡。”[1]

这是现实人生在巴金心灵上投下的“第二个阴影”[2]。同时，轿夫老周教巴金真诚地做人，对巴金影响至深，后来被巴金称为自己的“第二个先生”。

随着父母的这道“屏障”的消失，逐渐地，巴金开始看到了大家庭和平、友爱的表面下的倾轧和斗争，看到了封建势力的专制，看到了礼教的虚伪和残酷，这个封建大家庭“变成了一个专制的大王国”，“势力代替了公道”，“许多可爱的年轻的生命在虚伪的礼教的囚牢里挣扎，受苦，憔悴，呻吟以至于死亡。”“陈旧的观念和长辈的权威像磐石一样沉重地压下来”，巴金青春的心灵感到前所未有的压迫，他想要摆脱这种痛苦的束缚，渴望得到自由的发展。如果说爱骨肉至亲是人的自然天性，那么，随着年龄的增长，对封建家庭和制度的“憎恨”开始在巴金的灵魂深处“发芽生叶”。这个从“爱”到“恨”的感知过程，是巴金成长的一次飞跃，也是他独立思考（思想成熟）的第一步。

这个时候，五四运动爆发了。

五四运动：开启“崭新的世界”

五四运动爆发的1919年，巴金15岁。这场划时代的新文化运动影响了整整一代中国知识青年，也深刻地影响了巴金。40年后，年逾半百的巴金说，“五四运动像一声春雷把我从睡梦中惊醒了。我睁开了眼睛，开始看到了一个崭新的世界。”[3]60年后，年逾古稀的巴金说，“我们是五四运动的产儿，是被五四运动的年轻英雄们所唤醒、所教育的一代人。他们的英雄事迹拨开了我们紧闭的眼睛，让我们看见了新的天地。可以说，他们挽救了我们。”[4]

新思潮耀眼的光芒让年少的巴金目不暇接，正如新文化运动否定一切旧的

1 唐金海、张晓云主编：《巴金年谱》，四川文艺出版社，1989。
2 巴金：《巴金全集》（第十三卷），人民文学出版社，1990。
3 李存光：《巴金传》，北京十月文艺出版社，1994。
4 李存光：《巴金传》，北京十月文艺出版社，1994。

东西一样，巴金说："只要是新的、进步的东西我都爱，旧的、落后的东西我都恨。"[1]他"时常在家里做一些带有反抗性的举动"，"对家里一切不义的事情都要批评。"[2]

自光绪三十一年（1905），清朝政府下令废除科举考试，各地的新式学堂如雨后春笋般兴办起来。因为祖父守旧，15岁的巴金没能进入成都的新式学校，而是继续留在家中学习。白天上私塾学习古典文学，巴金把《古文观止》称为自己"真正的启蒙先生"，特别喜欢《桃花源记》《祭十二郎文》《赤壁赋》等，他说："我后来写了二十多本散文，跟这个'启蒙先生'很有关系。"[3]同一阶段，巴金每天晚上在家里跟"香表哥"濮季云学英语和其他一些科学常识。濮季云是巴金姑母的儿子，时在四川公立外国语专门学校读书，[4]1918年秋，巴金也在外专的"基督教青年会的英语补习学校"上了一个月的英语课，后来因多病又回到家中自学。"祖父不反对巴金上补习学校学英文，并非思想有了开化，而是因为他听说懂英文可以进邮局工作，而这工作不仅薪水高，位置也稳固。"[5]于是，祖父决定正式聘请"香表哥"到公馆为巴金补习英语，并付给每月1～2元的薪水。巴金说："我学英语，他（濮季云）是我的启蒙老师。在我一九二〇年秋季考进成都外国语专门学校补习班以前，他给过我不少的帮助。"[6]从时间上看，这种补习持续了将近两年。这期间，巴金已通过大哥李尧枚（《家》中觉新的原型）阅读到了《新潮》等新书刊，"对欧美翻译小说发生了兴趣"[7]。

在五四运动发生的时期，巴金在成都读到了大量的宣传各种思想的新报刊，这些报刊都是巴金的大哥李尧枚从本城唯一代售新书报的华阳书报流通处购买的。[8]"华阳书报流通处"原名华洋书报流通处，因销售进步报纸、刊物和书籍，在成都有很高的知名度。1902年由四川简阳人傅崇矩（字樵村）创办，地址在昌福馆中段（今成都蜀都大道商业场），后交由陈岳安（字登弼）管理，改为"华阳书报流通处"，在这个著名的流通处发行的报刊有来自北京的《新青年》《每

1 唐金海、张晓云主编：《巴金年谱》，四川文艺出版社，1989。
2 唐金海、张晓云主编：《巴金年谱》，四川文艺出版社，1989。
3 唐金海、张晓云主编：《巴金年谱》，四川文艺出版社，1989。
4 巴金：《巴金全集》（第二十卷），人民文学出版社，1993。
5 李存光：《巴金传》，北京十月文艺出版社，1994。
6 巴金：《巴金全集》（第二十卷），人民文学出版社，1993。
7 唐金海、张晓云主编：《巴金年谱》，四川文艺出版社，1989。
8 唐金海、张晓云主编：《巴金年谱》，四川文艺出版社，1989。

周评论》《少年中国》等刊物，也有成都本地出版的《星期日》《学生潮》《威克烈》等刊物，巴金说，这些五四运动时期出版的读物“那里面的每一个字都像火星一般地点燃了我们的热情。”[1]

1920年初，祖父的去世，巴金失去了最后的佑护，也同时获得了完全的自由，他说：“从这天起在家里再没有一个人可以支配我的行动了。”[2]同年8月，巴金(当时用名李尧棠)和三哥李尧林一同考入四川公立外国语专门学校，三哥有初中毕业文凭，是正式生；而巴金因为没有文凭，只能称作旁听生。[3]“不满16岁的巴金，终于怀着喜悦和希望，迈出了通向新生活的重要一步。”[4]

“我的大学”：巴金在成都的求学经历、思想成长和社会理想的形成

巴金就读的“四川公立外国语专门学校”[5]（以下简称“外专”）是四川大学的前身之一。需要说明的是，一些研究巴金的著作中称“成都外国语专科学校”，名称是不准确的。巴金就读两年半的外专是1914年按专门学校改制规定定名的“四川公立外国语专门学校”。1912年，教育部颁布了一道《专门学校令》，“以教授高等学术，养成专门人材”为宗旨，成都的五大专门学堂相继改为专门学校，并一律冠以“公立”之名。“公立”在当时是“省立”的含义，以区别于“国立”大学。[6]据1915年教育部的统计，全国省立专门学校有22所，四川即占了6所，即四川公立法政专门学校、四川公立农业专门学校、四川公立工业专门学校、四川公立国学专门学校、四川公立外国语专门学校和成都高等师范学校，外专便是其中之一。[7]外专以培养外国语专门人材为目的，学制与其他专门学校相同，预科一年，本科三年。据《四川大学史稿》记录：“本校只设英语科和法语科，各科除学习该语种的课程（文法、讲读、会话、作文等）外，还有国文、语言学、历史（中外历史）、地理、教育学、法学通论、经济学、国际法、

1 李存光：《巴金传》，北京十月文艺出版社，1994。
2 唐金海、张晓云主编：《巴金年谱》，四川文艺出版社，1989。
3 徐开垒：《巴金传》（上下卷），第7节“从动乱到破灭”。
4 李存光：《巴金传》，北京十月文艺出版社，1994。
5 《四川大学史稿》（第1卷），四川大学出版社，2006。
6 《四川大学史稿》（第1卷），四川大学出版社，2006。
7 《四川大学史稿》（第1卷），四川大学出版社，2006。

第二外语、世界语等。……在各专门学校中，外专的学生人数较少，1916年仅59人，教师也才15人。但这所学校的外籍老师比例较大，主要是担任语言课教学，有华林泰、哈夫门、缪尔等。”[1]从1920年9月秋季入学到1922年底离开学校，巴金“从补习班读到预科、本科，在那里接连念了两年半书。”[2]

巴金在外专就读时的校长廖学章是一位开明人士，对新文化运动很支持。廖学章（1880—1953），字天祥，华阳县（今成都市）人。早年两度公费留学日本，主攻英国文学及莎士比亚著作。毕业于日本立教大学外语系。留学期间，曾参加同盟会。回国后，历任四川高等学堂分设中学教师、四川外国语专门学校校长、成都大学文学院外文系主任兼成都高等师范学校及女子高等师范学校外文系主任、成华大学教授。抗日战争时期，曾以社会贤达身份任国民参政会参政员。其时以反传统、反封建著称一时的学者吴虞也受聘在外专任国文教员[3]，他发表于《新青年》1919年第6卷第6号的《吃人与礼教》等著名篇章，就是在外专任教时写作发表的。这篇猛烈抨击封建礼教的文章在社会上引起极大反响，影响了整整一代青年学生。巴金的《家》中有关吴虞（字又陵）的一段对话可以印证。觉民（以三哥李尧林为原型的小说人物）说：“下学期我们国文教员要改聘吴又陵，就是那个在《新青年》上面发表《吃人的礼教》的文章的。”琴兴奋地、羡慕地说“吴又陵，我知道，就是那个‘只手打孔家店’的人。”[4]1918年8月至1921年夏，吴虞同时在四川公立外国语专门学校、四川公立法政专门学校和四川公立国学专门学校任教。吴虞在外专任教期间，巴金正在读预科，《吴虞日记》详细记录了其在外专上课、考试、领取薪水以及审读、编辑《星期日》《威克烈》等刊物的情况。

1912年，四川外国语学堂改名四川公立外国语专门学校，由成都总府街迁到东马棚街，距离巴金居住的正通顺街大概五六里路。巴金因为同情下层劳动者，不愿坐轿子上学。据廖学章回忆，当时大家子女大多是坐轿子上学的，但没有看见过巴金坐轿子，他总是走路上学；而且无论天晴下雨，总是爱夹着一把布伞。同样，《家》中的觉民说觉慧（以巴金本人为原型的小说人物）“素来害怕人说他坐轿子，他是一个人道主义者”。[5]巴金读书很用功，成绩很好，思想也活跃，

1　《四川大学史稿》（第1卷），四川大学出版社，2006。
2　唐金海、张晓云主编：《巴金年谱》，四川文艺出版社，1989。
3　中国革命博物馆整理，荣孟源校对：《吴虞日记》，四川人民出版社，1984。
4　巴金：《家》，人民文学出版社，1953。
5　巴金：《家》，人民文学出版社，1953。

课外时间还要和同学办小报，那时我们就看出这个学生以后会很有出息。[1]巴金在小说《家》中也写到外专的办学情况和校长："现在教育经费都被挪去充作军费用掉了。每个学堂都是一样地穷。不过我们学堂不同一点，因为我们校长跟外国教员订了约，不管上课不上课，总是照约付薪水，多上几天课倒便宜些。……据说校长跟督军有点关系，所以拿钱要方便一点。"[2]小说中的督军即指四川军阀邓锡侯，廖学章与他确实有私交。事实上，二十世纪二三十年代是军阀割据时代，没有当权的军阀支持是不可能做成什么大事的，办教育也不例外。

"1920年11月27日，成都学生在少城公园踢球，被士兵无理殴打。当夜，千余学生到皇城请愿，提出'废督'、'裁军'等政治要求"[3]，反对军阀刘存厚的暴虐统治。11月28日，成都30余所学校集体罢课。刚刚入学不久的巴金也参加了罢课和请愿。《家》的第8～11节用了大量的篇幅描写了这场"学潮"，对成都发生的"兵打学生"的事件引发的请愿行动作了详细的描述：在寒冷的冬夜，"觉慧"站在请愿的学生队伍中，"他们走到督军署，天已晚了。黑暗压下来，使每个人的心情变得更紧张。他们有一种奇怪的感觉，似乎这不仅是天色的黑暗，这还是社会的黑暗与政治的黑暗。"[4]事实上，全市学生罢课持续了五天后，刘存厚被迫接受了学生的条件，这场学潮才得以平息。[5]

在五四运动时期，外专是一所"思想比较解放、活跃的学校"，巴金在外专"结识了许多渴求新知识、新思想的同学，读到更多宣传新思想的书籍"[6]。巴金在学潮结束不久得到一本小册子：克鲁泡特金的《告少年》（也译作《告青年》或《向青少年呼吁》）。一说是上海一位未曾谋面的友人寄来的，一说在"华阳书报流通处"一个姓陈的人那里得到的。这本书影响了巴金一生。克氏全名彼得·阿历克塞维奇·克鲁泡特金（1842—1921），是俄国革命家和地理学家，无政府主义的重要代表人物之一，"无政府共产主义"的创始人。他提出的无政府共产主义主张取消私人财产和不平等的收入，按需分配，主张脑力劳动和体力劳动相结合。[7]这本《告少年》是克鲁泡特金流亡瑞士时的一篇讲演稿，他认为要实

1 廖厚果：《教书育人100年》，兰州大学出版社，2009。
2 巴金：《家》，人民文学出版社，1953年。
3 唐金海、张晓云主编：《巴金年谱》，四川文艺出版社，1989。
4 巴金：《家》，人民文学出版社，1953。
5 唐金海、张晓云主编：《巴金年谱》，四川文艺出版社，1989。
6 李存光：《巴金传》，北京十月文艺出版社，1994。
7 Baike.baidu.com.

现“无政府共产主义”的理想，需要从教育青少年入手，而少年巴金正好成为他的受众，巴金马上就被这本书“征服了”。读到这本书的巴金心潮澎湃，他说：“我想不到世界上还有这样的书！这里面全是我想说而没法说得清楚的话。它们是多么明显，多么合理，多么雄辩。而且那种带煽动的笔调简直要把一个十五岁的孩子的心烧成灰了。我把这本小册子放在床头，每夜都拿出来，读了流泪，流过泪又笑。”[1]就是“这本译文拙劣的薄薄的小册子，打开他心灵的窗户，对他未来人生的道路产生了决定性影响”[2]。也可以说，巴金在彷徨、苦闷的青春期找到了精神的导师和理想的目标，他从这本书里明白了什么是正义，“这正义把我的爱和恨调和起来”[3]。这一认识令少年巴金在思想上有了第二次飞跃，让他在“爱恨交错”难分难解的时刻分出了经纬，找到了“判官”。

读完《告少年》，巴金热血沸腾，激动的心情难以自已，他渴求“信仰”，热望“主义”，迫不及待地想要为某个“事业”献身。他认定的“精神领袖”就是赫赫大名的《新青年》的主编陈独秀，并怀着一颗赤子之心发出了“人生的第一封信”：“我把我的全心灵都放在这里面，我像一个谦卑的孩子，我恳求他给我指一条路，我等着他来吩咐我怎样献出个人的一切。”[4]然而去信如石沉大海，远在上海的陈独秀没有回信。可以想象，这个时候巴金肯定是沮丧的，但这个热血沸腾的青年并未因此而灰心。他在读《告少年》的同时，又马上从上海邮购了波兰著名剧作家廖·抗夫的《夜未央》。这是一部三幕话剧剧本，描写了1905年俄国革命中的一群青年英雄，他们敢于和沙皇统治英勇斗争，并为人民争自由谋幸福而献身，“刚刚信奉了爱人类爱世界”理想的巴金又在一夜之间找到了自己“梦境中的英雄”，认为那就是自己要终生为之奋斗的事业。他把剧本“当作宝贝似的”介绍给朋友们，甚至还和朋友们“排演过几次”《夜未央》。多年以后，巴金还重新翻译了《告少年》和《夜未央》。

巴金在30年代初回忆自己少年时期的生活时，特别强调了以上三者的书籍、文章和思想学说对自己的重大影响，使自己成为一个坚定的无政府主义者。

1　唐金海、张晓云主编：《巴金年谱》，四川文艺出版社，1989。
2　谭兴国：《走进巴金的世界》，四川文艺出版社，2003。
3　唐金海、张晓云主编：《巴金年谱》，四川文艺出版社，1989。
4　唐金海、张晓云主编：《巴金年谱》，四川文艺出版社，1989。

在外专期间，巴金先后参与编辑主办了《半月》[1]《警群》[2]和《平民之声》[3]等刊物，特别是加入《半月》社是巴金人生的一次大转折。《半月》，1920年下半年至1921年上半年在成都出版，共出24期，希宋、拾遗、芾甘等编。《警群》，1921年成都出版，芾甘等编。《平民之声》周刊是1922年初巴金参与创办的，编辑部的地址就在正通顺街巴金的家，可惜原刊已不存。在《半月》办刊的同仁中，巴金认识了两位学长，一位是国立成都高师的袁诗荛，一位是外专的吴先忧，后者被巴金称为“我的第三个先生”。巴金说：“我这个先生的牺牲精神和言行一致的决心，以及他不顾一切毅然实行自己主张的勇气和毅力，在我的生活里留下了不可磨灭的影响。”[4]

1921年，巴金在《半月》刊14期上读到一篇介绍《适社的旨趣和组织大纲》的文章，“适社”是四川的一个无政府主义秘密组织，主旨在于“铲除统治权力”、“灭绝经济制度”，建立一个“各尽所能，各取所需”的社会。“适社”在重庆和成都都有社团，主持人为陈小我。曾印行《红潮》《共产》等小册子，散发《适社的旨趣和组织大纲》，重印《告少年》《安那其粹言》《及乐地》等。[5]巴金认为，“那意见和那组织正是我朝夕梦想的。”[6]巴金通过书信表达了希望加入“适社”的意愿，《半月》的编辑章戬初回信并约请巴金来家里聚谈。在章家，巴金见到了吴先忧，他是《半月》创始人之一，也是巴金在外专读书时的学长。这是一次“知音”的会聚，他们的谈话激动人心，触及灵魂，巴金回忆说：“这个小小的客厅简直成了我的天堂。在那里的两小时的谈话照彻了我的灵魂。我好像一只被风暴打破的船找到了停泊的港口。”[7]“被风暴打破的船”虽然是文学修辞，但特别明确地表达了巴金当时的迷茫；而“无政府主义”让他在青春的迷航中找到了方向，找到了“港湾”。这是巴金信仰“无政府主义”的开始，他是虔诚的，也是幸福的。当天夜里，巴金“带着幸福的微笑回到家里”，他迫不及待地马上提笔给“适社”的负责人陈小我通信，内心充满了“佛教徒朝

1 唐金海、张晓云主编：《巴金年谱》，四川文艺出版社，1989。
2 唐金海、张晓云主编：《巴金年谱》，四川文艺出版社，1989。
3 李存光：《巴金传》，北京十月文艺出版社，1994。
4 唐金海、张晓云主编：《巴金年谱》，四川文艺出版社，1989。
5 唐金海、张晓云主编：《巴金年谱》，四川文艺出版社，1989。
6 唐金海、张晓云主编：《巴金年谱》，四川文艺出版社，1989。
7 唐金海、张晓云主编：《巴金年谱》，四川文艺出版社，1989。

山进香时的虔诚”[1]。可以说，一个“无政府主义者”诞生了。

在成都加入《半月》社是巴金人生的一次大转折，1921年4月1日，巴金在《半月》第17号上发表一篇短评：《怎样建设真正自由平等的社会》，“这是目前发现的巴金最早公开发表的一篇文章。[2]这篇千字小文所谈的主题就是“自由平等”，署名“芾甘”。[3]该文“大胆地凭个人的直觉否定了整个社会制度的存在”；认为“妨碍人民自由的就是政府”，由于“那些资本家垄断世界公有的财产”，所以世界上才没有平等；认为“安那其才是真自由，共产才是真平等”……为了实现“这自由平等的社会”，必须“推翻那万恶的政府”。同年4月，巴金在《人声》发表《五一纪念感言》短评，阐明了劳动光荣、劳工神圣的思想，并指明了劳工要做“社会上的主人翁”，就要“推翻那万恶的政府和那万恶的资产阶级”[4]。巴金的这些言论，当然是他对信仰的一种认同和宣传，但正如他晚年所回溯的那样，那更是他年轻的胸怀里的一腔激情和热血，是宣言，甚至是照本宣科似的口号。

巴金在1921年9月1日出版的第1期《警群》杂志刊头发表了《宣言》，他要“警醒”的对象是“人民群众”，他要唤醒民众觉悟起来，一起反对把中国大地搞得“黑气层层”的军阀、官僚和政客。[5]他在这期刊物上还发表了一篇《爱国主义和中国人到幸福的路》，提出推翻政府、私产、宗教几种制度，才是中国人寻找幸福的唯一出路。面对社会的黑暗，巴金“理想国”是一个没有压迫、剥削和强权的“万人享乐的新社会”[6]。“《警群》1921年只出版了一期夭折了，创刊号便是终刊号。”[7]

20年代初，巴金在成都参加编辑《半月》等刊物时，就曾有过与文化专制做斗争的“小小的经验”：刊内的文章被命令抽去，就在文章上面盖一行朱红色的大字“本文奉×命令抽去”，原刊仍旧发卖；文章中被检查员砍头刖足的地方，就注明此处被删去若干行的字样；文章被检查员改得文理不通、错误百出，便另印“勘误表”送给订户；刊物遭禁，便秘密出版停刊号，详细记载被禁经过，并

---

1 唐金海、张晓云主编：《巴金年谱》，四川文艺出版社，1989。
2 唐金海、张晓云主编：《巴金年谱》，四川文艺出版社，1989。
3 李存光：《巴金传》，北京十月文艺出版社，1994。
4 唐金海、张晓云主编：《巴金年谱》，四川文艺出版社，1989。
5 李存光：《巴金传》，北京十月文艺出版社，1994。
6 李存光：《巴金传》，北京十月文艺出版社，1994。
7 李存光：《巴金传》，北京十月文艺出版社，1994。

另起炉灶，重组新刊。总之，“各种花样都用过”。想不到十年以后，面对更严酷的文化专制，巴金又重新运用少年时代的“经验”，只不过斗争的“花样”更加巧妙和多样了。[1]1922年7月《半月》在创刊一周年时被查封停刊，巴金写下来49行的长诗称《半月》在成都“也算得一颗明星”，发出“我为你痛恨；为你悲哽”[2]的哀叹，字里行间，充满无限惋惜和怀念。

巴金在《老化》一文中写道：“‘五四’使我睁开了眼睛，使我有条件接受新思想新文化，使我有勇气一步一步离开我的老家。”[3]事实上，在外专期间，巴金不仅开始了他的文学之旅，也开始了他的信仰之梦，他在思想上已成为一个完整的无政府主义者，这个时候，在风气闭塞的成都，一所“地方高校”已容不下巴金和他的理想。[4]

在20世纪初的中国，能够读大学可谓凤毛麟角，巴金为什么会选择“辍学”呢？原来，1923年4月，巴金得知，要获得外专的毕业文凭，需要一个中学文凭，而因为一直在家上私塾和自学，巴金没有这个“中学文凭”，于是，巴金和三哥李尧林决定离开成都，外出继续求学。[5]“塞翁失马，焉知非福”，这个“文凭挫折”让巴金离开成都平原，走出了四川盆地，走向了更为辽阔的世界。这时的巴金思想已经成熟，不仅有了自己的“主义”，而且有了更远大的理想和抱负，一个小小的外专已容不下热血青年巴金，所以他必然要离开，要到外面的世界去看个究竟，去实现自己的梦想。[6]

1923年，18岁的巴金完成了“成人礼”。在同年4月的一个晴朗的早晨，在成都东门外的锦江边，他和三哥李尧林一起登上了一条木船，带着他虔诚的信仰和美好的梦想，随着“永远向前流去的没有一刻停留的绿水”[7]，开始了他人生的远航。1923年夏，巴金考入了上海南洋中学，从二年级读起。该中学学制五年，而这对于急于拿到中学文凭的巴金来说时间太长了，遂于1924年1月转入南京东南大学附中补习班，并于同年9月升入东南大学附中高三。1927年1月，巴金从上海出发赴法国留学。

1 李存光：《巴金传》，北京十月文艺出版社，1994。
2 李存光：《巴金传》，北京十月文艺出版社，1994。
3 唐金海、张晓云主编：《巴金年谱》，四川文艺出版社，1989。
4 2014年11月25日在四川大学与巴金研究专家谭兴国先生谈话内容。
5 唐金海、张晓云主编：《巴金年谱》，四川文艺出版社，1989。
6 2014年11月25日在四川大学与巴金研究专家谭兴国先生谈话内容。
7 巴金：《家》，人民文学出版社，1953年。

3. 从成都走向世界

——走近校友巴金[1]

陈光复

四川大学外文系的源流有两支：一支是1896年创建的四川中西学堂英、法文科，中间历经1902年的四川通省大学堂和1903年的四川省城高等学堂的正科一部，1916年的国立成都高等师范学校英文部，发展为1926年的国立成都大学外国文学院；另一支是1906年的创办的四川藏文学堂，中间历经1908年的四川外国语学堂，1914年的四川公立外国语专门学校，发展为1927年的公立四川大学外国文学院。1931年三大学合并后，两个源流汇合为国立四川大学外国文学院，直到今天的四川大学外国语学院。巴金就读于四川公立外国语专门学校这一支。当时校址在成都市东马棚街，1931年迁入皇城校舍后，原址改为国立四川大学第一附中，后为成都市一中，现为成都市树德实验中学。

巴金原籍浙江嘉兴，祖上曾在四川广元等地做官，后定居成都。巴金出生在成都正通顺街。1920年秋天，他16岁时以李尧棠的名字进入东马棚街的四川公立外国语专门学校，先读预科，后读英、法文科，在校时间近三年。1923年5月巴金与三哥李尧林结伴东出夔门，赴上海求学。1927年又赴法国留学。他的法文基础就是在四川大学求学时打下的，同时在校自学世界语，是中国世界语先驱之一，对世界语在中国的推广有重要贡献。他曾经荣膺中国世界语学会名誉会长，受到世人尊重。巴金从成都走向世界的基础，可以说是在四川大学打下的。

1　原载《四川大学校报》，2006年8月23日。

“我是‘五四’的儿子”

巴金在四川大学求学期间，正值五四运动。四川大学主体部分是五四运动在四川的策源地。相对于校内其他部分，外专学生更有机会接触欧美文化，并有吴虞这样的反封建斗士的鼓动，思想十分活跃。许多师生在五四运动中扮演着冲锋陷阵的角色。

巴金在校积极参加声援北京学生反帝反封建军阀斗争的同时，如饥似渴地大量阅读进步书刊，如《新青年》《每周评论》《少年中国》等，参与本校师生编辑出版的《四川学生潮》、《星期日》、《威克烈》（weekly，即英文“周刊”音译）的工作。他与成都高等师范学校国文部三、四年级学生，省学联正副理事长张秀熟、袁诗荛来往密切，并于1920年与袁诗荛合办《半月报》，组建进步社团“均社”，从青年学生的角度针砭时弊，揭露黑暗社会。他的第一篇文章《怎样建设真正自由平等的社会》，连同稍后写的《I.W.W.与中国劳动者》和《世界语（Esperanto）之特点》等，就发表在他编辑的《半月报》上，表达了他反帝反封建，主张“社会革命”的意愿，也标志着他作为一个爱国的民主主义者的思想觉醒。

在《巴金文集》第十卷中，他这样回忆：“五四运动像一声春雷把我从睡梦中惊醒了。我睁开眼睛，开始看到一个崭新的世界。”“面对着一个崭新的世界，我有点张皇失措，但是我已敞开胸膛尽量吸收，只要是伸手抓得到的新东西，我都一下子吞进肚里。只要是新的、进步的东西我都爱，旧的、落后的东西我都恨。”五四新文化运动的启蒙和实践，对于巴金后来走向世界，写出《家》《春》《秋》这样的皇皇巨著，无疑起到了奠基作用。

巴金后来在《老化》一文中这样感叹：“我是‘五四’的儿子，我是‘五四’的青年英雄们所唤醒、所教育的一代人。‘五四’使我睁开了眼睛，使我有条件接受新思想、新文化，使我有勇气一步一步离开我的老家。”

对母校的款款深情

从《巴金文集》中，我们还可以读到他回忆在校生活的篇章和对他一生影响深远的其他篇章。但是巴金离开成都后，长期定居上海，其间只回来过有数的几次，就读的地方沧海桑田，历经变迁，他已不敢贸然相认了。学校在未开展校史研究前，校内谁也不知道巴金是四川大学校友。20世纪80年代初期，一位校友，《巴金评传》的作者找上门来，告知：根据《巴金文集》和与巴金同时代的校友、巴金的好朋友、著名的老革命家、老教育家张秀熟的口述，巴金即李尧棠，是四川大学校友。笔者随即于1984年秋天，与游训天等同志利用到上海出差的机会，去武康路一个幽静的大院拜访巴金。当时，他已八十多岁高龄，长年卧床，手抖不能写字，也不见客，由其妹李瑞钰两边转述。在得知我们称他为校友并简述原因时，他很高兴地说："是啊，是啊，都这么多年了，变化大啊！"随即送给我们一张他的近照，嘱咐转呈学校。

1987年10月，巴金第五次回成都，由于身体太差，行动困难，谢绝了一切应酬，专心与"巴蜀五老"结伴相聚。这五老都可以说是川大校友。其中，巴金和张秀熟、马识途都是四川大学早期学生，沙汀、艾芜这两位著名的四川乡土作家，也曾是四川大学中文系的兼职教授。会见时，巴金多次谈起在四川大学求学的经历，要张、马二位代他向母校师生致意。秀老在后来一次回母校专访时，已反复向学校转达了。

1996年9月，川大百年校庆时，请柬还没有送去，巴金即主动托亲属送上《巴金全集》和《巴金译文全集》各一套，亲笔签名信一封，以"校友"名义恭贺"母校百年大寿，祝愿再铸辉煌"。字里行间，深情无限。

4. 八访巴金[1]

邱沛篁

1980年9月至1981年8月，我受学校党委派遣，为筹建四川大学新闻专业到上海复旦大学新闻系进修期间，先后八次到著名作家巴金先生家中采访，受到巴老热情的接待，得到许多教诲和帮助，成为永远难忘的珍贵记忆和终生的教益。

图19　本文作者邱沛篁1980年与巴金合影

1　此文曾以《七访巴金》为题，发表在《华西都市报》2002年8月15日。其中，漏记1980年12月14日的采访。

巴金是我非常崇敬的作家之一。当我在四川大学中文系读书时，就很喜欢读他的书。《家》《春》《秋》《第四病室》《春天里的秋天》，都读过很多遍；他笔下的人物觉慧、觉民、觉新、琴表姐、梅表妹，也十分熟悉。许多年来，我渴望着能见到这位大文豪。

一访 1980年9月21日

图20　1980年9月21日，巴金在寓所中散步（邱沛篁摄）

《巴金全集》第二十六卷《日记编》：

> 二十一日（阴，雨）七点起。四川邱沛篁采访，下午杨刚宜来。看电视（故事片《七天》）。吴强来谈文代会事。晚饭后老彭车来送我去“衡山”，参加与德田六郎访华团的会见，九点一刻结束，先锡嘉送我下楼。回家休息，看书。十一点半睡。（第424页）

1980年秋，《成都日报》副刊部编辑廖友朋得知我要到上海复旦大学新闻系进修后，就约请我写一篇关于巴金的专访。友朋编辑和我已有近二十年交情，他常常约请我们去省、市电影公司看新电影，组织我们撰写并发表影评、剧评文章，采访一些省市文艺界知名人士，在长期的合作中建立起了深厚的友谊。他为我出具了一张盖有报社公章的采访介绍信，希望我采访巴金成功。离蓉前，我到著名作家艾芜家中做客。他得知我要赴上海采访巴金，也十分支持。他告诉我，几个月前他才同巴老一道访问日本。巴老是中国作家代表团团长，他是团员，回国后两人在北京分的手。这次，希望我代他向巴金问好，并亲笔写了一封信，请我转交给巴老。

1980年9月21日，礼拜天，下着小雨。一大早，我先挂通巴老的电话。接电话的是一位女同志，她向巴老通报后，约我9点钟去。后来我知道，这位女同志是巴金的妹妹李琼如。

上午8点，我从复旦大学出发，在五角场乘公共汽车，9点钟到达巴老家。巴老住在武康路一幢小洋楼里，周围有院墙围着。我按响门铃后，一位青年人来开门，问："是从四川来的吗？"我回答说："是。"他开门后说"欢迎，欢迎"，并带我来到一楼客厅。这位青年人，就是巴老的女婿祝鸿生。

不一会儿，巴金从客厅里的楼梯上走了下来。这之前，我听到巴老的妹妹大声向楼上喊道："三哥，四川老乡来啦！"

巴金一下楼，连忙招呼我坐，并泡了杯热茶给我。他中等身材，满头银发，身穿一件普通的蓝色中山服。瘦削的面庞上，一双眼睛炯炯有神，闪烁着慈祥、亲切、智慧的光芒。

在客厅坐定后，我们一边品茶，一边交谈。我取出艾芜的信递给巴金，他看完后，感慨地说："我和艾芜去日本访问回国后，一别又是几个月了！"他还关切地问起艾老的身体，并问到家乡成都和四川的近况。我尽我所知道的，一五一十地告诉了他。他听得非常仔细，有时还拿出笔来，在一个小本子上记上一两句，并十分兴奋地说："听到四川搞得不错，生产和生活水平都上去了，很高兴。四川的变化，说明了这样一个道理：只有依靠党正确的方针、政策，靠大家辛勤的劳动，脚踏实地地办事情，才能把我们中国建设成为社会主义的人间乐园。"

接着，我问到他与家乡成都的关系。他操一口成都口音回答我说：成都是我的故乡，我一直很喜欢她，想念她。草堂寺、武侯祠、望江公园这些地方，读书时我就常常和同学们一道去玩，至今还记得清清楚楚。1920年秋，我15岁时就考进了位于成都东马棚街的四川公立外国语专门学校，先读预科，后读英、法文科，一读就是三年。当时我和吴先忧等人还办了一个32开的刊物《半月》，每半个月出一期，共出了24期，主要内容是传播新文化，宣传反封建。在这个刊物上我发表了三篇文章。1923年5月，我因为要到上海去读书，就离开了家乡成都。

当我问到他后来有几次回成都时，巴老回忆道：从1923年离开后到现在，我一共回过成都四次。第一次是1940年，第二次是1942年。两次主要都是回家探望，看看亲戚朋友。第二次还顺便治了牙齿，由黄天启医生治的，治得相当好，管用了好多年。新中国成立后，1956年，我第三次回到成都。这次是作为人大代表视察，同行的还有浙江代表宋云彬。在成都住了半个多月，跑了几个文教单位，四川大学也去了。1960年，第四次回成都。这次主要办了两件事，一件事是写了一个中篇小说，名叫《三同志》，有十几万字，反映志愿军青年战士成长的。后来，因为对它不满意，一直没有发表。另一件事就是校阅自己文集的最后两本，即第十三、十四卷的校样。这一次，先是住在永兴巷招待所，后来搬到张秀熟同志家里去住。巴金说，自从那次离开成都后，有二十年没有回过成都了，真想有机会再回家乡去看看啊！

我高兴地说，我们也盼望您再回成都，亲眼看看粉碎“四人帮”后家乡面貌的变化。您时时关心和思念着家乡人民，家乡人民也很关心和想念您，尤其想知道您的近况。巴金告诉我，粉碎“四人帮”后，文艺得到了解放，他的一家也得到了解放。现在，他的女儿李小林，35岁，在《收获》杂志社当编辑。女婿祝鸿生，也是35岁，是上海电影制片厂的编辑。故事片《神秘的大佛》就是祝鸿生和其他同志合作的。前不久，祝鸿生还到四川乐山去参加了拍摄工作。儿子叫李小棠，30岁，在复旦大学中文系读书。另外，他的两个亲妹妹李琼如和李瑞珏，都已经六七十岁，帮他照料家务，让他集中精力，有更多的时间从事写作。

巴老虽然已经76岁了，但精神很好，谈吐自如，风趣幽默，思维十分敏捷，对我的每一个提问总是十分详细、认真地回答。今年，他已经两次出国访问。目前，他正在抓紧时间，努力完成他的又一个“五年计划”，即从1979年起，在五年内写出五本随想录，五本翻译长篇（赫尔岑的《往事与随想》第一部至第五部），两本小说，一本回忆录，共计十三本著作。

这次采访，持续了一个多小时。10点半钟，我起身告辞，并和巴老一道步出客厅，在花园里为他拍照。他的女婿也给我和巴老拍摄了合影。临别时，巴金赠给我一本他刚出版的新作《随想录》，并亲笔签下“赠邱沛篁同志。巴金。九月二十一日”的珍贵墨迹。不久，我写的一篇名为《金秋时节访巴金》的专访，就在《成都日报》周末版的头条位置发表了。

二访　1980年10月26日

《巴金全集》第二十六卷《日记编》：

> 二十六日（晴）八点后起。上午邱沛篁来，采访并照相。黄裳来。下午编校《探索集》，林孟生来。看电视新闻。仍感不适。十点半睡。（第429页）

又一个星期天，还是在上午9点，我第二次来到巴金家采访。这次去，主要是因为四川省新创刊的《文明》杂志编辑部何秉忠约请我写一篇反映巴金谈论文明的文章，并要求拍几张生活照片。我通过电话预约，得到应允后，起了一个大早，从复旦大学出发，先乘93路公交车，又转乘26路公交车，到高安路下车后，径直赶到武康路巴金家中。

巴老热情地在客厅接待了我。我将一本名叫《巴山蜀水》的书和上次为他拍摄的几张照片赠送给他。他十分高兴，一边看照片，一边称赞说：“照得不错！”然后，他又到楼上书房去，取来《巴金文集》上、下两册，亲笔签名后送给我。不一会儿，巴金的儿子李小棠给我们送上两杯热茶。巴老和我一边喝茶，一边交谈起来。他首先说，《文明》的创刊，非常令人高兴，家乡又多了一份刊物，好比百花园里又开放出一朵鲜花。我祝贺它的诞生，希望它办得好。

我请他谈谈对《文明》创刊的感想和希望。他颇有感慨地说，“文明”这两个字，有丰富的含义：既指文化，即一个国家的物质文明和精神文明，又指人类社会进步的状态。“文明”是与野蛮相对而言的。我国人民历来就有文明的传统。特别是新中国成立后，在党的领导下，“文明”有了很大发展，社会风气很好，人民很讲究“文明”。但是，“四人帮”破坏了我们的“文明”。十年动乱，对中国人民是一个大灾难，也是对“文明”的疯狂践踏。粉碎“四人帮”

后，正在逐步恢复“文明”。四川办《文明》杂志，自然有提倡文明、讲究文明、发展文明的意思，这对于树立良好的社会风尚，培养人们的高尚情操，丰富社会物质文化生活，推动“四化”建设，将产生积极的作用。

图21　1980年10月26日，巴金与他的外孙女端端（邱沛篁摄）

讲到这里，他端起茶杯，轻轻地呷了一口茶。我望着他的满头银丝，心里在想：是啊，巴老今年七十六岁了，他经历了多少艰难曲折的道路。十年动乱中，他深受“四人帮”一伙迫害！在那些日子里，野蛮横行，文明遭殃。他的创作权利被剥夺了，宝贵时光被耗费了，有深厚感情的妻子萧珊也被迫害致死！这不只是一个作家的遭遇，这是千百万人民的共同遭遇。今天我们决不能再让那样的事情重演。从这个意义上领会巴金上面这段话，更使人感受到一字一句的分量！

我进一步深问道：您认为怎样才能形成一个人人讲文明的社会风气，使社会文明不断得到发展呢？巴金说：我看首先还是在于领导，在于老一代、中年一代带好头。我国有句俗话“上梁不正下梁歪”，就是讲这个道理。只有做领导的、老一辈的、成年的，都坚持一切讲究文明，秉公办事，不谋私利，不搞歪门邪道，才能取信于青年人，“文明”才能一代一代地向前发展。比如，当年为什么许许多多文学青年都跟鲁迅先生走呢？就因为鲁迅用行动给我们做了榜样。身教重于言教。我们成年人一定要不尚空谈，而要多做实事，在“文明”方面给青年人起表率作用。这样，国家才有希望，建成伟大强国的梦想才能早日实现。

谈到青年人，巴金说，现在有些人爱指责青年，似乎这样也不对，那样也不行。其实，我们每个人都有自己的青年时代，青年人最敢于创新，思想活跃，不保守，未来是属于青年人的。绝大多数青年表现很好。我最近写的一篇《随想录》，就谈到我们这些人也要让位了，让位给青年。至于有一些青年人，有这样或那样的毛病，沾染了一些不够“文明”的坏作风，关键还在于引导、教育。还要看到，青年人身上的许多毛病，病根还是来自于“四人帮”。十年动乱中，“文明”被说成是资产阶级的东西，当作“毒草”来批判。不要文化，不要读书，坑害了多少青少年。现在，一方面要肃清封建主义的残余，肃清“四人帮”的流毒，为“文明”平反、正名；另一方面也要让青年懂得什么是真正的“文明”。要使青年不要光想到自己，而要时时想到祖国和人民，把自己的前途同祖国和人民的前途联系在一起，树立远大的革命理想，为建设伟大祖国贡献力量。这样，才能成为一个真正讲究“文明”的、对国家和人民有益的人。这样的青春和生命，也才有意义。

这一天，阳光明媚，巴老的精神和情绪也非常好。他最疼爱的6岁的外孙女端端，就坐在他对面，巴老不时笑着逗她玩。我们的交谈在轻松、愉快、随和的气氛中进行。其间，有上海市文联的同志来访，和巴老商量10月29日在上海召开著名电影艺术家赵丹怀念会的事，又有一位50多岁的外地作家来访，可见巴老一天的公务与活动安排得够多的。10点半钟，我又请巴老和他的外孙女端端到客厅外的花园里照了十多张照片，然后向他告辞。

当我向巴金告别的时候，我由衷地祝愿他为人民写出更多更好的作品，为我国“文明”增添更多更宝贵的财富！

三访 1980年10月29日

《巴金全集》第二十六卷《日记编》：

> 二十九日（晴）七点起，上午校《春》。下午两点车来接我去友谊电影院，主持赵丹悼念大会，见到很多熟人。五点前返家，晚上看电视。十一点半睡。（第429页）[1]

我第三次来到巴金家，主要是把我三天前采访他后写的《巴金谈文明》一稿，送请他审阅。上午9点半，当我走进巴金的院子里时，他正和他的儿子李小棠在花园中散步。巴老一见我来了，便十分高兴地让我到客厅里坐，并很快来到客厅和我交谈。我双手将我写的文稿递给他，请他过目、审定。他谦虚地说：“不用看了吧？”我说，怕自己写得不好，请您给提些意见。他于是坐在沙发上，认真地看了起来。

我写的这篇访问记，一共只有10页稿纸，不到3000字。我见到巴老一页一页地翻阅完，又回过来看前几页，有些紧张地问道：“可以吗？”他说：“好，我同意。尤其是其中写到老年人、中年人应当带头树立文明新风，这一点很重要，值得强调。身教重于言教嘛！”我又问：“有没有写得不符合事实的地方？”他想了想说：“没什么大问题。只是你文章中写我客厅里有十几把沙发，是夸大了。你看，只有几把嘛。”我连忙遵照他的意见做了修改。这篇专访，不久就在《文明》杂志上发表了。

由于这天下午，巴老还要去主持著名电影艺术家赵丹的怀念会，为了不耽误他宝贵的时间，我连忙起身告辞。巴金一直送我走出院门，微笑着招呼说：“再见！”

1　未记录受访一事。

四访　1980年11月30日

《巴金全集》第二十六卷《日记编》：

> 三十日（晴）七点半起。上午校《秋》。邱沛篁来。下午看电视，顾轶伦来，薛松林来，吴强来，柯灵夫妇来。晚上看电视，校《秋》，十一点睡。（第433页）

我第四次访问巴金，是在1980年11月30日。这次，我为他送去《成都日报》周末版上刊载的我写的《金秋时节访巴金》样报，以及我为他拍摄的几张照片，还送了四川大学校刊编辑部编印的《新闻采访与写作》专辑一本和四川大学校庆七十周年纪念专刊一册。巴老一一接过后，高兴地说："谢谢你！"

巴老和我坐在客厅里，一边看电视，一边亲切交谈。开始时，他的两位妹妹李琼如和李瑞珏也在场，他的女儿李小林为我们送来热茶，后来他的两位妹妹出去忙家务了。我们继续交谈。

我对巴老说，我在复旦大学接触到的师生，都十分尊重他，十分热爱他的作品，一个重要因素是感受到他为人正直、善良，一贯讲真话。巴老听后，谦逊而诚恳地对我说，不能说我一贯讲真话，在那所谓"文化大革命"的岁月里，不可能一句违心的话都没有讲过。问题在于，知道过去讲错了，现在就要承认，并认真纠正。千万不要认为自己就一贯正确，老不承认事实。

谈话中，我讲到最近看到了《花城》杂志上关于他的报道，读到了他在日本的精彩讲话。他说，本来他最不善于讲话，在日本硬要他讲。我说，讲得很好呀，读了很受启发和教育。我还问到《花城》上发表的那篇专访巴老文章的作者，他说是和他们一道出国的法语翻译，才30多岁。

当谈到在成都有不少人在认真学习和研究他的著作，比如四川省文联的谭兴国，也是我们川大中文系毕业的，比我高两个年级，就快要出版一本这方面的专著。谭兴国先后担任过《四川文艺》和《四川文坛》的主编，著作颇丰。他关切地问道：谭兴国写的这本书叫什么？我说，叫《巴金的生平与创作》。他又问：还没有印出来吧？我说，是的，正在出版的过程中。同时，我告诉巴老，我也很想专门学习和研究一下他在"文化大革命"之后发表的作品。他说，"文化大革命”后，已经写了《随想录》一本、《巴金近作》一本、《回忆录》一本。他鼓励我去写，去研究，并说可以先专门收集一下这方面的资料。

我还向巴老汇报，前不久我采写了一篇报告文学作品，名叫《踏遍青山人未老》，是专门报道四川大学生物学家方文培先生的感人事迹的，《光明日报》上已刊登了目录，即将发表在《科学文艺》杂志上。巴老说，他已经看到了这个目录，多写一些老教授、老科学家勇于攀登、教书育人的动人故事，很有现实意义。

上午11点钟，巴老送我走出客厅时说：你回四川之前再来的时候，我送你一套《家》《春》《秋》。我听了十分高兴，一再向他致谢，并说回川前我一定来向他道别。

五访　1980年12月14日

《巴金全集》第二十六卷《日记编》：

> 十四日（晴）八点起。上午看电视，邱沛篁来。下午写完《之十》。济生来。晚上看电视。十一点后睡。（第435页）

因为接到了学校的通知，要我回蓉作为四川大学新闻专业的代表之一，参加即将召开的四川省新闻工作者代表大会暨四川省新闻工作者协会成立大会，于是这天上午9点过，我赶到巴老家向他道别。他正在家中认真写作，头戴一顶鸭舌帽，身着蓝色中山服，显得稍微胖了些，和他年轻时的照片更加近似。

我们在客厅里坐下后，我将刚出版的《科学文艺》杂志送给他，说这上面刊登了我采写的生物学家方文培教授的报告文学，请他看后提些意见。他高兴地接过杂志说好，并转交给在场的他的儿子小棠，告诉我道：“他喜欢看，让他先看，之后我再看。”接着，巴老又到书房取出已准备好赠送给我的三本书：《家》《春》《秋》，由人民文学出版社1979年12月再版，并且在每一本书的扉页都写上了“赠沛篁同志。巴金”的亲笔签名。我双手接过这珍贵而厚重的礼品，一再向巴老致谢。巴金问我，什么时候动身回川？什么时候回来？我向他汇报后，他一直送我出院门，握着我的手说：“祝一路顺风，上海再见！”

六访　1981年4月25日

《巴金全集》第二十六卷《日记编》：

> 二十五日（晴）六点后起。上午邱沛篁来采访，中央电视台八同志来。下午填表。晚看电视、找书。十一点后睡。（第452页）

我参加完四川省新闻工作者代表大会后，返回复旦大学新闻系继续进修。1981年4月25日，我第六次到巴金家访问。4月17日，我曾经打电话问过一次，巴金的妹妹告诉我说，他到北京开会去了，还没有回来。4月24日，我又打电话预约，回答说，巴老回来了，欢迎我去！

这天上午9点10分，我来到巴金家。巴老的妹妹来开门后，热情地安排我在客厅坐下。不一会儿，巴老就从楼上下来了，高兴地招呼道："好久不见了，你从四川开会回来啦！？"

我简要地向巴老汇报了回四川的情况后，就询问起他的近况。巴老告诉我，他到杭州去疗养了几天，主要是身体感到有些累，4月9日到的北京，4月21日才回来。他接着说，这次到北京，一是参加茅盾同志追悼会，二是出席中国作家协会主席团会议，三是参加纪念鲁迅诞生100周年筹备活动。他对茅公去世，深表惋惜，并且说："要是茅公能再活十个月，他正在赶写的回忆录就基本完成了，多么可惜啊！"

我向巴老提起了他倡议并带头捐资建立现代文学馆的事。他说，这件事很重要，是总结我国几十年新文学的经验，总结现代文学的成就，对于建设社会主义精神文明也很有意义。精神文明需要一点一滴地积累，建立文学馆就是一种很好的积累，是功德无量的事。他说，现代文学馆要建设成既是资料中心，又是研究中心。它建立后对各大学中文系的教学、科研工作，也将会有很大的推动作用。

在访问中，我又向巴老请教了几个具体问题，他都一一做了回答。我问：您是川大校友吗？他答：应该是，因为我读的四川公立外国语专门学校后来和几个学校一起合并到了川大。我问：听说您曾经推荐法国翻译李劼人先生的作品，是吗？他回答说：是的，1957年，一位法国汉学家访华，我推荐他翻译中国作家的作品，第一是茅盾、老舍的，然后就是李劼人、沙汀的。我又问道：您与报刊的关系如何？他说：1925年我在上海主编过《民众》旬刊，铅印，32开本，复旦大学编有目录。我还问道：怎样深入研究抗战烽火中的巴金？他答：在我的文集中有旅途通讯，上面谈到一些这方面的事情。

前几次采访巴金，我们都是在一楼客厅里交谈。这次，我提出希望照几张他伏案写作的相片。巴老高兴地答应了，并带我一起上了楼。楼上是内外两间大屋，堆满了书柜。桌上、沙发上、椅子上，到处放满了各种杂志、画报、书籍，有许多是刚从全国各地寄来的。巴老坐在外面向阳一间屋的书桌前，伏案写作，我利用正好射进来的明媚阳光，拍下了几张照片。

这次告别时，巴老还欣然为我题词留念。他在一本精美的笔记本上写道："学到老！沛篁同志，巴金，八一年四月二十五日，上海。"这的确是对我的一种十分珍贵的鞭策和鼓舞。

七访　1981年6月14日

《巴金全集》第二十六卷《日记编》：

> 十四日（阴转晴）上午去公平路邮局寄书。邱沛篁来。理发。（第458页）

时光如流水，我在复旦大学新闻系的一年进修就要结束了。这时，我自然想到给了我许多教诲和帮助的巴老。应当去向他告别。1981年6月14日，我第七次来到巴金家。

这又是一个礼拜天，上午9点，我走进武康路巴老的家中。他们全家人正在吃早饭。巴老见到我后，匆匆忙忙吃完早餐，走进客厅和我交谈起来。

他首先问我：就要回四川了吗？我说，是的，进修快结束了。今天专门来向您道别。他感慨地说："时间还是快啊，转眼间就一年了。"他还说，他非常想念四川，一定要争取回四川看看。我说：我们四川老乡都非常盼望您能早点回去，看看家乡的新面貌。我还给他留了具体地址，希望他回川时通知我，到时一定去看望他。

我问起他最近的写作情况，巴老说，这一段时间身体不大好，没有动笔新写什么。但接待任务比较多，昨天、前天就来了两批外国文化代表团，其中有泰国的，都是在家里会见的客人。

交谈中，我们还谈到了我在川大读书时的老校长、著名经济学家彭迪先教授。巴老说，他在北京开会时，遇见过彭迪先校长，他精神很好，仍然十分健谈。巴老回忆说：1956年11月底到12月中旬，我作为人大代表在四川调研时，曾经回到母校四川大学参观访问。当时，彭迪先当校长，他还专门在家里设宴招待了我。

访问结束时，巴老又送给我一本新书，是他的《随想录》第二集《探索集》，是三联书店香港分店出版的，并亲笔题写了签名。

八访　1981年6月16日

《巴金全集》第二十六卷《日记编》：

> 十六日（晴）七点前起，按摩。抄《后记》。下午邱沛篁来。五点半同一萍、小弥、瑞钰乘出租车去“衡山”吃晚饭，同席有萧荀、济生共十二人。回家看电视，闲谈到十点。（第458页）

一天后，我又收到学校中文系一位正在讲授“中国现代文学”课的老师来信，请我一定要代他向巴老请教几个文学教学和研究中的问题。于是，1981年6月16日下午，我第八次赶到巴金家中拜访他。他十分耐心而认真地倾听了我代为转达的问题，其中包括关于怎样评价抗战三部曲之一《火》中的主人公，关于写作《寒夜》时的背景及心情，以及关于1947年6月至7月乘船赴台湾旅行、访友的情况等，并一一详细地做了回答。

当我谈到回川后有问题可能还会向他请教时，他笑着说：“可以，只是你们的问题一定要具体。不要问得太大，如问什么那时的感想如何，对某人的评价如何，问题太笼统了，不好回答。越具体越好回答。”

下午5点，有汽车来接巴老全家外出，我怕耽误他的时间，连忙告辞。我一再祝愿他保重身体，健康长寿。他表示谢意，并亲自送我到院门口。他紧紧握住我的手说：“再见，我期待着再在上海见到你！”

八次访巴金，不仅仅是我新闻采访实践中的难忘收获，而且也给我上了人生道路上极好的一课。巴老的高尚品格、渊博知识和治学精神，至今一直激励着我。总结起来，我认为我们可以从巴老身上学到许多宝贵的品德，其中最重要的是：

第一，学习他热爱祖国，热爱人民，热爱中国共产党，热爱他所毕生追求的文学事业，勤奋耕耘、锲而不舍、顽强拼搏、无私奉献的伟大精神。我采访巴老的时候，他虽然已经70多岁了，仍然坚持写作，每天坚持记日记。粉碎“四人帮”后，他写了共计80多万字的作品，其中影响最大的就是《随想录》。他的这种持之以恒、永不停歇的战斗精神和写作态度，很值得我们学习。

第二，学习他严于解剖自己，敢于自我批评，提倡讲真话，带头讲文明，严于律己，宽以待人，勤俭朴素的高尚品德。正如著名作家马识途所说，如果说鲁迅先生是中国的脊梁，那么巴金就是中国的良心。巴金总是时时处处严格要求自己，以身作则，把自己融于广大人民群众之中，和人民真诚交心，和百姓打成一片，为国家和人民不断献出自己的智慧和力量。

第三，学习他对晚辈寄予无限厚望，对青年人热情关怀、和蔼慈祥，谆谆教导、毫无保留地热情帮助和扶持年轻人迅速成长的高风亮节。作为一个晚辈，在八访巴老的过程中，亲身体会到他对我们的殷切希望，对年轻一代的关怀与爱护。他工作那么繁忙，事情那样杂多，接待任务那样频繁，仍然每次都十分热情地接待我，抽出宝贵时间回答我提出的每一个问题，并且为我题字、赠我图书，给了我许多重要而珍贵的指点和帮助。他的这种对年轻一代真诚指导、培养扶持的态度，永远值得我们学习和效仿。

巴金是川大的一位杰出校友，我们为此而感到自豪。巴老的侄子李致先生说得好，巴老不只是川大的，更是全中国的、全世界的。我们一定要发扬光大巴金的精神，为把四川大学建成国际一流知名大学而不断贡献自己的力量！

5. 共忆巴老

——兼访巴金研究专家、校友谭兴国先生[1]

王金玉

2014年是四川大学杰出校友巴金先生诞辰110周年，为缅怀巴老，四川大学决定编辑出版《巴金与四川大学》。为此，我们联系到了多次采访过巴金先生的文学与新闻学院邱沛篁教授，并通过邱教授联系到了巴金研究专家、校友谭兴国先生，谭先生愉快地接受了我们的访问请求。5月5日，笔者有幸与邱教授和四川大学档案馆馆长兼校史办主任党跃武教授一起拜访了寓居于芙蓉古镇的谭兴国夫妇。

当我们终于找到谭先生的寓所时，已经过了约定时间，谭先生却笑呵呵的在户外的道路上迎接我们的到来，让我们深受感动。寒暄几句，在了解我们的来意后，谭先生非常认可，认为现在研究巴金的书有几十本之多，但反映巴金先生在四川公立外国语专门学校（1927年四川公立外国语专门学校和其他四个专门学校合并成立公立四川大学——笔者注）读书时期的资料却不多，这项工作很有意义。

在他的书房，谭先生打开了话匣子，将原本准备的专访变成了共忆巴金先生。

问：巴金先生为什么中学都没读，却能考上四川公立外国语专门学校（以下简称外专），又为何没有从外专毕业呢？

1　原载《四川大学报》2014年11月27日。

谭兴国（以下简称谭）：巴金先生虽然没有接受过系统的中学教育，却读过很多传统教育的书，文学和文化功底都不错。尤其是香表哥（濮季云）帮他补习外语，因此英语功底不比受过中学教育的人差，这是巴金能够考入外专的主要原因。

巴金没能从外专毕业的客观原因正如他在很多书中提到的，当时外专让他提交中学文凭，而他拿不出这个文凭，认为再读下去也不可能毕业，并以这个理由向家里说明不能继续读下去了。这同时也是巴金先生在离开成都到上海以后重新考入中学学习的原因。主观原因是巴金在外专读书期间大量接触无政府主义（安那其主义），渐渐形成了无政府主义思想，并积极参加无政府主义者的活动，还应聘到无政府主义的社团均社做了《半月》杂志的编辑，时间和精力都不够用，已经无法完成学业了。

问：巴老在外专读书期间，读过什么书？参加过什么活动？受哪些老师的影响比较大呢？

谭：巴老所处的时代正是五四运动风起云涌的时代，成都是五四运动和新文化运动的高地，《新青年》杂志是他们那个时代年轻人比较爱读的，还有川大的吴虞等主办的《星期日》《威克烈》等杂志。俄国的十月革命，托尔斯泰等都对青年一代有着较大的影响，青年人开始探索救国救民的真理，无政府主义开始在青年中流行。需要指出的是，早期的共产主义者大多是无政府主义者。

正如巴金自己所说，那个时期影响自己最大的是一个人，一部书，一部剧。一个人指吴先忧（无政府主义者，强调实践主义，弃学当裁缝，同时为他们的杂志筹措经费），巴金这个时期深受同学吴先忧的影响，在多部著作中都有提到这个人。一部书指《告少年》（克鲁泡特金著），正是从这部书中，巴金接触到了无政府主义，接受了互助论，“它教会了我奉献”。一部剧指的是《夜未央》，“它教给了我爱”。

此外，巴金在他的激流三部曲中，多处描述到当时参加社团活动的情况，还写到革命者方继舜的相关活动，其实方继舜的原型就是四川大学历史上著名的革命烈士袁诗荛。巴金先生多次强调“觉慧不是我，但当时的活动却都是我亲眼目睹了的”，因此激流三部曲中描述的革命活动，提到学校的内容就是以外专为舞台，虽然是文学作品，但还是基本反映了那个时候的校园生态。

在外专读书的后期，巴老就写了十二首诗，虽然没有完全发表，也发表过两篇无政府主义的文章，还积极参加无政府主义者的活动，结识了韩国无政府主义者金尤史，投身“均社”，应聘为《半月》杂志的编辑，是个“社团活动积极分子”。

在外专这两年半时间，是巴金先生人生观、世界观和价值观形成的重要时期，也是他“有话要说，不吐不快（讲真话）”，如火的创作热情被初步点燃的时期。虽然抗战以后，巴金先生再也不提“安那其主义”，而自称是理想主义者，但他的很多思想、理念，对社会的热情关怀和责任意识却从没改变过，正如他所说：“把自己完全奉献出去，生命才有意义。”他在外专读过的书在《春》中有所描述。至于对什么老师印象深刻，倒是没有提到。

问：谭老，关于巴金先生，您还有什么要讲的吗？

谭：巴金先生还有个很好的习惯，那就是读者来信，他全都要亲自回复。这一习惯源于他的亲身感受。在外专读书期间，他给当时的名人陈独秀先生写了一封信，陈独秀先生没有给他回信，让他满腔的热情化为遗憾。因而在他的一生中，无论多忙、多累，也无论是与他交情深厚的朋友还是一般的读者，只要给他写信，他都会抽空亲笔写回信。这给予许多文学爱好者以莫大的鼓励，同时他这种平易近人的作风，让他在文化界享有崇高的威望。我曾多次给巴老写信，也曾多次拜会巴老，他都热情接待。邱沛篁也曾多次拜访巴老，也获热情接待，应该感同身受。在《巴金日记》中，多处记载了邱沛篁和我访问他的情况。虽然巴老2005年离我们而去了，但他对生活的热爱、对理想的执着和他平易近人的作风，将同他的著作一样，激励着一代又一代人为了理想而奋斗。

问：谭先生，您在国内生活了几十年，您二老也在美国生活了19年，子女也在美国，为何又回国定居了呢？

谭：我两个女儿都在美国结婚定居了，所以退休了以后就不得不去美国养老了。但在美国的19年，我深深体会到了巴金先生在书中写到的“生活在国外，是一种痛苦”。这是一种精神上的痛苦，毕竟文化不同，思维习惯不同，我想看的一些书，美国找不到的。“梁园虽好，不是久恋之家”，我的根还是在中国，在成都，所以感觉还是回来的好。思念子女时我再飞回去看看他们，有时是他们回成都来看我们，现在过惯了候鸟的生活。对于中国文化和美国文化的不同，我深有感触，写下了一本小册子《初识美利坚》。

说到这里，谭先生起身找出《初识美利坚》及他写给自己和友人看的非正式出版的新作《草木篇》各三本，并亲笔签名后送给了我们。书桌旁边，是他女儿、女婿和外孙的照片，当他的眼光落到照片上时，不自觉地流露出慈祥的微笑和一丝不易察觉的依恋。

在告别的时候，谭先生还找出他自己研究巴金的著作和收藏的一些巴金研究著作，一并借给我们，供我们编写《巴金与四川大学》一书时参考。

第二部分

美丽人生

1. 巴金的生平和创作

谭兴国

童年时代[1]

辛亥革命在巴金的家里，引起了不同的反应：教巴金们读书的老师，很拥护革命，祖父却感到悲哀；父亲无所谓，忙着做十八个小圈围绕一个大圈的新国旗（民国最初的国旗）；二叔断送了四品官；三叔给自己取了“亡国大夫”的笔名；只有孩子们都觉得高兴，因为剪掉了头上讨厌的辫子。

巴金这时满了七岁，自然不能理解这场革命的意义，他也为剪掉辫子而高兴，为成都兵变后的恐怖所惊吓。革命后，他还是和哥哥姐姐一起听私塾老师讲古文，做作文，经常和轿夫仆人们往来，过着无忧无虑的生活。可是打击很快落在他的头上。民国三年七月的一天夜里，母亲死了，四个多月后，二姐又去世。不满十岁的巴金，尝到了人生的苦味，尤其在这个大家庭里，和那些有母亲的堂兄弟们比起来，使他深深感到了没有母亲的孩子的悲哀。巴金结束了那种完全无忧无虑的生活，他说：“从此我渐渐变成了一个爱思想的孩子。”

巴金常说他的性格带有忧郁性，这和他幼年丧母的遭遇很有关系。

母亲死后，父亲又为他们娶了一个继母。她待巴金弟兄很好，但总不能弥补丧失亲娘的创伤。两年多后，又一个沉重的打击落在巴金兄弟们的头上——父亲

1　节选自谭兴国《巴金的生平和创作》（四川人民出版社，1983）第二章“童年时代（一九〇四至一九一九年）”。略有修改。

又去世了。那正是一九一七年春天，成都地区军阀巷战的时候。巴金这时才十三岁。

父亲死后，大家庭第一次分家。巴金这房人分得了两百亩田，连同父亲买的四十亩，生活是不愁的。只是大家庭内的争斗使他愤怒，也开始萌发了冲出这座囚笼的心思。他说：

“父亲死后，这个富裕的大家庭变成了一个专制的大王国。在和平的、友爱的表面下，我看见了仇恨的倾轧和斗争，同时在我的渴望自由发展的青年的精神上，‘压迫’象沉重的石块重重地压着。”

他的大哥成了各房攻击的目标，开始出现了疯狂的症状，三哥不久也进了中学。巴金把他的全部时间用在书本上，力图从书本中寻求安慰。这段时间，他读了许多古书。他对背诵古文很感痛苦，但对其中一些文章也很喜欢，像《古文观止》的二百多篇散文，他全能背诵，对《桃花源记》《祭十二郎文》《赤壁赋》《报刘一丈书》等文章不但懂而且喜欢。他后来说：

“这两百多篇‘古文’可以说是我真正的启蒙先生。我后来写了二十多本散文，跟这个‘启蒙先生’很有关系。”[1]

至于像《说岳传》这样的小说，他更是千方百计找着看，看到不想吃饭睡觉，真正体味到读书的乐趣。

巴金的父亲去世后，他上中学的希望也破灭了。因为祖父根本反对进新学堂。一九一八年秋天，他进了成都青年会办的英文补习学校，这是祖父所允许的。因为祖父曾听人说，学了英语可以考进邮局工作，找到一个薪水高又稳妥的职位。但这时巴金的健康已经被悲痛和书籍蚕食了。进校一个多月就生了三次病，只好停学，留在家中请表兄濮季云帮助补习英语。

巴金对前进的路上曾经给过他帮助的人，总是怀着感激之情的，濮季云就是其中的一个。巴金称他是“对我的智力最初的发展大有帮助的人”。他辅导巴金学习英文，一道阅读英文小说，并使巴金看到了家庭以外的许多事情。后来他由于家境不好，在生活压力下沉落了下去。巴金对此不胜惋惜。但就在巴金成名以后，也牢记着这个他曾经崇拜、尊敬的青年。《关于〈家〉——给我的一个表哥》（十版代序）就是写给他的。《家》中那个境遇不好的青年知识分子剑云身上，有着他这位表兄的影子。

1　《谈我的“散文”》，《巴金文集》（第十四卷），人民文学出版社，1962。

一九二〇年初，巴金的祖父去世。这个大家庭最后的支柱倒下了。祖父对巴金并无特别的感情，巴金也不曾爱他，有时还把他当作专制、压迫的代表憎恨过，但在祖父去世之前，巴金对他有了一些感情，可是毕竟没有相互了解。祖父是预感到这个家庭未来的命运了，曾把振兴家业的希望寄托在巴金兄弟们的身上，然而巴金是注定不会走他所希冀的"光宗耀祖"的道路的。祖父的死，巴金有过悲痛，因为他毕竟失去了一个爱自己的人，但是，他却更庆幸获得了可贵的自由。就在这年秋天，巴金和三哥李尧林一同进入了四川公立外国语专门学校。

"外专"是一所公立学校，设在成都东马棚街，校长唐学章，教员中有外国人。学校分补习班、预科、本科三种。巴金初进校上的是补习班。他在这里结识了一些新的同伴，接触了更多外国古典名著，初步掌握了英、法等国文字，并开始研究世界语。在读的书中，狄更斯的《大卫·科波菲尔》、史蒂文森的《宝岛（金银岛）》是他那时候特别喜欢的两部小说，它们那种用第一人称叙述故事的手法，对巴金后来的创作产生过影响。

进了"外专"，巴金算是第一次冲出了大家庭的罗网，开始接触社会生活了。这时候，一场风云激荡的伟大革命风暴，正席卷着中国大地，在十五岁的少年巴金面前，展现着一片崭新的天地！

成长与觉醒[1]

（一）

一九一四年，第一次世界大战爆发，西方列强忙于狗咬狗的战争，这本来是发展我们民族经济的极好时机，但是，从辛亥革命以来，帝国主义所扶植的走狗——封建军阀却拼命阻挡革命的顺利进行，连年的军阀内战，政治舞台上走马灯似的上上下下，把中国拖入了黑暗的深渊。一些曾经对辛亥革命寄托过极大希望的先进人士，对这场革命也灰心失望了。鲁迅在《自选集·自序》中说："见过辛亥革命，见过二次革命，见过袁世凯称帝，张勋复辟，看来看去，就看得怀疑起来，于是失望，颓废得很了。"这很能代表一段时间人们的共同心情。辛亥

1　节选自谭兴国《巴金的生平和创作》（四川人民出版社，1983）第三章"成长与觉醒（一九一九至一九二三年）"。略有修改。

革命的失败，说明中国资产阶级的软弱性，不可能承担领导中国民主革命之重任。对这一点，当时人民自然是不可能有明确认识的。但许多先进人物初步认识到：没有一场大的思想革命，没有人民的普遍的觉醒，靠少数人去夺取政权，是不可能成功的。

一九一五年九月，陈独秀在上海创办《青年》杂志，发表《敬告青年》一文，发出了思想革命的先声。不久《青年》改名《新青年》。李大钊、鲁迅都相继参加编委，《新青年》成了反帝反封建的新文化运动的战斗堡垒。为五四运动的爆发，打下了良好的思想基础。

五四运动是从反对帝国主义开始的，但它突出的功绩却反映在文化上。这是一次伟大的思想解放运动。它旗帜鲜明地提出“打倒孔家店”的战斗口号，高举“德（德莫克拉西）赛（赛因思）两先生”的旗帜，这不仅是针对当时北洋军阀以尊孔名义大搞复辟活动，而且是向几千年来神圣不可侵犯的孔教宣战。陈独秀的《孔子之道与现代生活》，鲁迅的《狂人日记》等小说、杂感以及被称为“四川省只手打倒孔家店的老英雄”吴虞的《吃人的礼教》等一系列文章……把我国几千年封建统治下的脓疮，一一昭示出来，成了传颂一时的讨孔檄文。这也是一次文体大解放的运动。它提倡白话文，反对文言文，从胡适的《文学改良刍议》到陈独秀的《文学革命论》，从形式到内容，把文学从陈腐、僵死的八股泥坑中救拔出来，交回到人民的手中，有其不可磨灭的功劳。

五四运动爆发时，巴金正在成都外专读书。当时，北京、上海等地的进步报刊纷纷传来，如《新青年》《新潮》《每周评论》《星期评论》《少年中国》《少年世界》《北京大学学生周刊》等，成都的《国民公报》《川报》《民报》也大量刊登外地学生运动消息。四川省学生联合会成立后，积极组织学生示威游行，检查仇货，成都地区的《星期日》《学生潮》《威克烈》《半月》相继创刊。各种新思想都伴随这些书刊报纸，潮水一般涌进年轻人的心里，吸引着他们热烈的讨论，争论。那时候，人们分不清，也没有想去分什么马克思主义、无政府主义，什么资产阶级思想、无产阶级思想，什么进化论、阶级论，什么是个人主义、集体主义；不管马克思、列宁、卢梭、尼采、达尔文、克鲁泡特金、托尔斯泰、易卜生……只要是新的，都好，旧的，都不行，凡新的一切通通拿过来。作为反抗礼教，解放个性、解放人类的武器。每个人都按照自己的思想、遭遇、性格去选择自己的信仰和偶像。

巴金说：

“五四运动像一声春雷把我从睡梦中惊醒了。我睁开了眼睛，开始看到一个崭新的世界。”

连他大哥“久已忘记的青春”也唤醒了，他买了各种杂志，从北京的《新青年》到成都的《学生潮》都有。几弟兄都如饥如渴地阅读、争论。这些新刊物中的文章，使巴金激动不已，他更加看清了大家庭的种种黑暗，对陈旧的观念，长辈的权威，产生着憎恨的感情，开始觉得现在的社会制度不合理，应当改造它，并把这改造的重任，也放到自己的肩上。但怎样改造呢？他只有求教于书本。巴金在谈到他那时的情况时说：

“面对着一个崭新的世界，我有点张皇失措，但是我已敞开胸膛尽量吸收，只要是伸手抓得到的新东西，我都一下子吞进肚里。只要是新的、进步的东西我都爱；旧的、落后的东西我都恨。”[1]

后来他得到一本克鲁泡特金的《告少年》（节译本，可能是当时重庆一个无政府主义团体“适社”散发的）。他立刻倾倒在它的面前，完全被这本小书征服了。“这里面全是我想说而没法说得清楚的话”，“而且那种带煽动性的笔调简直要把一个十五岁的孩子的心烧成灰了。”是什么东西如此吸引巴金呢？巴金没有明确告诉我们，不过分析起来可能有如下几个方面：一是克鲁泡特金所生活的俄国十九世纪沙皇专制社会和我们中国封建专制社会颇为相似；一是克鲁泡特金的家庭环境也和巴金有一致的地方，他们都出身于富贵人家，而不愿做本阶级的继承人，他们都有幼年失去慈爱的母亲的创痛；更为主要的恐怕是克鲁泡特金那种反抗专制压迫、追求合理生活的理想和他的献身精神。这一切都和巴金一拍即合。巴金在《我的幼年》中说：

“从这时起，我才明白什么是正义，这正义把我的爱和恨调和起来。”

巴金从此不满足“闭门读书”的生活了。他要找机会散发自己的热情，他要去实现自己的理想，他需要同伴的支持，需要领导的指路。一天夜里，他怀着颤栗的心情，给《新青年》社编者陈独秀写过一封求助的信。后来他回忆当时的情景：

“我像一个谦卑的孩子，我恳求他给我指一条路，我等着他来吩咐我怎样献

1　《巴金文集》第十卷《我的幼年》的一条自注。

出我个人的一切。”[1]

信发出后，他焦急地期待回音，那时候如果有人指示他一条献出生命的路，他也会义无反顾地前去赴死。然而，没有回信，却看到上海报载赠送《夜未央》的广告，他寄去邮票，书很快寄到了，是波兰人廖·抗夫写俄国一九〇五年革命的剧本。这个剧本对巴金的思想和后来的创作影响极大，他曾两度翻译（一九三〇年上海启智书局出版名《前夜》，一九三七年文化生活社出版改名《夜未央》）。这个剧本当然不是正确地反映俄国一九〇五年革命斗争的作品，但对当时的巴金来说，却是建立革命观的一个启蒙教材，他曾写道：

“我第一次在另一个国家的青年为人民争自由谋幸福的斗争里找到了我的梦景中的英雄，找到了我终身的事业。”

在这段时间，巴金还从《适社自由录》（第一集）上读到了爱玛·高德曼的一篇文章，他写道：

“高德曼的文章以她那雄辩的论据，精密的理论，深透的眼光，丰富的学识，简明的文体，带煽动性的笔调，毫不费力地把我这一个十五岁的孩子征服了。况且在不久以前我还读过两本很有力量的小书，而我的近几年来的家庭生活又使我猛烈地憎厌了一切的强权，而驱使着我去走解放的路。”[2]

一九二一年二月，巴金从成都出版的《半月》杂志十四期上，读到《适社的旨趣和组织大纲》的文章，是重庆一个无政府主义团体的宣言，它提出的宗旨是要研究“适应人类全体生存的要求”，建立一个“各尽所能，各取所需”的社会。这立即得到巴金的共鸣。他写信给《半月》社，要求参加“适社”。过了两天，《半月》一位编辑给他带来回信并约他见面。巴金曾经这样记叙他这次见面的喜悦：

“这个小小的客厅简直成了我的天堂。在那里的两小时的谈话照彻了我的灵魂。我好像一只被风暴打破的船找到了停泊的港口。我的心情昂扬，我带着幸福的微笑回到家里。”

从此，巴金成了《半月》社的一员，并在这年四月做了这个刊物的编辑。这段时间，是巴金心情最舒畅，最少矛盾的日子。他从所憎恨的“家”中走出来，交上了这么多和他一样年轻、一样充满热情、有着献身精神的朋友。他们友爱地

1 《我的幼年》，《巴金文集》第十卷，人民文学出版社，1961。
2 见1936年文化生活出版社出版的《忆》单行本，115页。

结成一个新的“家庭”，每个人凭他的能力、贡献和威望在这个“家庭”里占有自己的地位。这个团体有一个不成文的法规：不抽烟，不喝酒，不坐轿子；凭自己的劳动去换取生存的权利。巴金简直是用初恋的热情投身到这个团体里面，每天下课以后便步行几条街到商业场的《半月》编辑部去工作。从编辑刊物，回答读者来信，免费向读者借阅新书刊，到扫地、上下铺板之类琐事都干。为了纪念五一节，他们秘密散发传单，有时也开一些秘密的会议。他们随时都准备把自己的生命献出来，献给理想、事业和友情，并且相信自己的牺牲，将促使新世界明朝就会随初升的太阳而升起。

（二）

《半月》于一九二〇年八月一日创刊，一九二一年七月被禁，整整办了一年，出了二十四期。这一年正是新文化运动由高潮而低潮的转折时期。被五四运动打得落花流水的封建文化的代表人物，逐渐喘过气来，向新文化运动反扑。一九二一年春天，吴宓、梅光迪等在南京出版“撞击新文化而张皇旧学问”的《学衡》，就是一个重要的征兆。成都本来就是封建文化的一个顽固堡垒，新思想的宣传和实践，每前进一步都会碰到更多的阻力。当时的一些进步团体，尽管思想倾向上还有些不一致的地方，但在对社会上封建复古势力的斗争中，往往是互相配合的。

《半月》是综合性的小刊物，每半个月出一期。从它创刊起，就结合当时青年学习、生活中碰到的一些问题，揭露社会的黑暗、腐败，向封建势力展开斗争。比如男女同校的问题，改革教育制度的问题，改革考试制度的问题，青年求学问题，等等。当时，成都高师学生办的《学生潮》发表《驳宋芸子议义》，批驳一个教员反对白话文的谬论，引起工业教员养成所校长逼迫学生脱离学生联合会，《半月》赓即发表文章声援。四川地区辛亥革命后连年军阀内战，大小军阀拥兵自重、割据自雄，人民深受其害，裁兵呼声甚高，学生和兵士，每每发生冲突。一九二〇年十一月二十七日，学生在少城公园蹴球，遭士兵殴打，受伤多人，当晚成百上千学生到皇城请愿，提出“废督”“裁兵”等等政治性的要求，没有得到接见，又转到北较场要求靖川军总司令接见，又不得见，次日全市罢课。尽管狡猾的军阀用软的敷衍手段把这次学潮压下去了，但学生们的斗争却得到社会的好评，被称为“为全川国民反对军阀的第一声！”“四川自治运动的第一声！”《半月》也积极支持这场斗争。

一九二一年七月，正是《半月》社的同人积极筹备庆祝周年纪念的时候，成都社会上发生了一件“大事”：警察厅出布告，禁止女子剪发。激起了进步青年的公愤。《半月》就在二十四期“什么话？”一栏里，登了这样一条消息：

“《国民公报》一九二一年七月八日载，‘省会警察厅出示略云：昨据汪顼波报称，近日妇女每多剪发齐眉，并梳拿破仑华盛顿等头式，实属有伤风化。应予出示禁止，以挽颓风。嗣后妇女已剪者，赓即蓄留；未剪者不得再剪！如敢故违，定以妇女坐法处罚家长！’云。”

与此同时，由《半月》的一员主将写了一篇激烈批判警察厅布告的文章，于是《半月》被查禁。

在《半月》同人中，对巴金影响最大的要算吴先忧。吴先忧是成都地区较早写白话新诗、话剧剧本的作者之一。他比巴金大几岁，也在“外专”读书，但在组织《半月》社时，便自动退了学，到一家裁缝店当学徒，实践他所信奉的“劳工神圣”“不劳动者不得食”的学说。巴金在《家》和其他一些作品中常常提到一位学裁缝的朋友，写到他的近视眼和手上密密麻麻的针眼，写到他夏天穿着棉袍进当铺，用当衣服的钱缴纳团体的费用，就是他做过的事。巴金怀着感激的心情把他称作“我的第三个先生”。巴金说：

“我这个先生的牺牲精神和言行一致的决心，以及他不顾一切毅然实行自己主张的勇气和毅力，在我的生活里留下了不可磨灭的影响。”“母亲教给我‘爱’；轿夫老周教给我‘忠实’（公道）；朋友吴教给我‘自我牺牲’。我虽然到现在还不能够做到像他那样地‘否定自己’，但是我的行为却始终受着这个影响的支配。”[1]

这位老先生解放前过着清贫的教书生活，解放后在成都任中学校长、省政协委员，后来生病去世了。

巴金一生从不追求生活享受，解放前，经常过着白开水下面包的生活，穿平价布，居处随时变动，唯一的爱好是看书和看电影。解放后，仍然保持艰苦朴素的作风。他带头不领国家工资，也从不计较稿酬的多寡，如果觉得别人给多了，便会主动退回去。他拿到钱就是买书。他曾说：

“我的钱是从书上来的，也应当花到书上去。”

1　《我的几个先生》，《巴金文集》第十卷，人民文学出版社，1961。

但他对朋友们的困难，甚至不相识的青年的要求却尽量设法满足。这些品德，恐怕都是和这个“先生”的“影响”有关吧！

（三）

《半月》的同人，在政治思想上有一个共同的基点，就是倾向无政府共产主义。他们在行动上既有所表现，理论上更加以宣传。

“五四”时期新思想传到成都的时候，无政府主义具有很大的影响。其原因，一方面是马克思主义传来不久，只有极少数人开始做一些启蒙的宣传工作，而即便是他们，也没有弄清楚无政府主义和科学社会主义的界限，理论上是混乱的。[1]《半月》社中也有人一方面鼓吹无政府主义，一方面又宣传走俄国人的道路，建立劳农政府。[2]另一个原因是，成都当时不但没有有组织的工人运动，也没有建立工人阶级的政党[3]，甚至连真正的产业工人也没有，从事社会革命活动的，多数是出身封建地主官僚家庭的青年知识分子。他们有爱国主义的思想，希望祖国尽快富强起来；他们不满现实，想革命，追求合理的、健全的生活。这是主导的方面。但是，他们脱离实际，脱离工农群众，狂热、空想、散漫，个人主义、平均主义等较严重，一旦接触到无政府主义的理论，便一拍即合，被那些极“左”的口号、乌托邦式的空想、摆脱一切羁绊的个人绝对自由等等所迷惑、所俘虏。

《半月》是当时成都宣传无政府主义的一个重要阵地，它不但联系了成都地区一批有无政府主义倾向的进步青年，而且联系了重庆和外州县的一些无政府团体和个人。巴金自加入《半月》后，便自称是“安那其主义者”。这年五月，他和《半月》的同人组织了一个“均社”，在《半月》二十一期（一九二一年六月一日）上发表了袁诗荛起草的《均社宣言》。从这个宣言来看，“均社”和当时

1　我国早期马克思主义者常有这种情况，比如李大钊同志在1919年《劳动教育问题》等文章中（见北京《晨报》1919年2月14日至15日）就把克鲁泡特金的互助论来作为马克思主义阶级斗争学说的补充，把政治上的普选权、经济上的平均分配、教育上人人受教育等作为社会主义者追求的目标。

2　《半月》十二期所载希宋：《劳农政府与中国有什么关系》。注：希宋是“外专”学生，比巴金早一班，后乘船赴渝途中溺水而亡。

3　据吴玉章同志著《忆杨闇公同志》：一九二〇年杨闇公由日本回川后就从事马列主义启蒙宣传，一九二二年左右在成都，一九二三年吴、杨等同志组织“中国青年共产党”（C.Y）时，尚不知道中国共产党已经成立。直到一九二五年才与上海党中央联系上，重新参加中国共产党。

重庆的“适社”、合江县的“无社”在许多方面有共同点，比如其主张：

“生产资料归社会公有，废除私有权。”

“凡统治包办的一切制度，概废去之。”

“各尽所能，各取所需”，“生活资料为社会公物，人人享受”，等等。

只不过它更突出一个“均”字。它主张：

“一切权利义务的享受服劳应当均等，贵贱、主奴、治者被治者的阶级应当铲除，凡畸形制度为造成阶级束缚争杀的原动力或阻碍平等自由互助的，都应一律取消。”

“受教育权利，无论何人，都应当平均的享受。”

“不劳动不能得生存权……不能使劳者独劳，逸者独逸。”

“私产政府法律军警教会都是妨害人类的进化增加世界的黑暗的……不能不废除它。我们只晓得‘各尽所能，各取所需’；教育普及，智能均等。……”

总之，他们要建立的是一个“无强权、无国家、无政治、无法律、无武力、无私产、自由生产自由消费、无宗教、智能均等”的“平等、博爱、自由社会”。

显然，这是中国古代的那种“大同世界”的空想和西方乌托邦共产主义的结合。从表面上看，它和共产党的最终目的没有任何的矛盾，但在如何实现这种社会理想上，它那唯心主义的、非科学的世界观便暴露无遗了。它主张：

“我们确信世界是‘爱’组成的，不是‘杀’组成的，即世界是互助的，不是竞争的；‘爱’是人类的天性，是世界进化的要素，应当极力发挥的，‘杀’乃是一种病的现象，是阻碍破坏进化的危害物，我们应当消灭它……用各个人真实的‘爱力’去实现我们将来的‘爱的世界’。”

他们不懂得从社会发展的客观经济规律上去寻找产生不合理制度的根源，却从一些观念形态出发去寻找根源，因而他们反对一切权威、一切制度、一切压制，即“不能以少数压制多数，亦不能以多数压制少数”，而主张“个人的完全自主权”，即个人绝对自由。在他们的实践活动上，便是无组织、无纪律、无领袖，个人想怎么办就怎么办。

这批可爱的青年，怀着无可指摘的美好愿望，却不切实际地希望一个早上就把这个世道翻过来；他们对现有剥削制度，对人压迫人、人剥削人的丑恶现实存着不共戴天的仇恨，却找不到产生这种不合理现实的根源和可行的解决办法，只是一味地叫嚷“大破坏”“大建设”。他们的活动，在有组织的工人运动登上社会历史舞台之前，还对揭露剥削制度的丑恶，推动人民的觉醒有一定的积极意义，而一旦工人阶级先锋队登上历史舞台之后，便往往在工人运动内部，起着腐蚀、分裂的消极作用了。

在中国，随着马列主义科学真理的传播，中国共产党的诞生和迅速壮大，工人运动的蓬勃发展，也随着军阀专制压迫的加紧，无政府主义运动很快被残酷的现实斗争打得粉碎，很快产生分化：一些人接受马列主义，走向革命；一些人堕落成反动的国家主义者，成了军阀和国民党反动派的走狗；即或是那些长期抱着无政府主义观点的人，也没有什么影响了。前一种人，比如袁诗荛，他是当时成都高等师范学校的学生，他比巴金更早接受无政府主义。他既是进步刊物《学生潮》的主编，又是《半月》的主要骨干，在“五四”时期，算得上成都地区冲锋陷阵的一员猛将。后来他参加了实际斗争，接受马列主义，加入了中国共产党，在一九二八年被四川军阀杀害了。巴金很尊敬这位“长者”，《家》里面的方继舜就是以他做模特儿写的。

（四）

巴金在《半月》上以芾甘的署名发表过三篇文章，对了解他早期的思想很有帮助。

一九二一年四月一日出版的《半月》十七期上的《怎样建设真正自由平等的社会》是巴金公开发表的第一篇文章。他说：

“那个时候我不过是一个小孩，会写些带感情的话。我大胆地凭个人的直觉否定了整个现实社会制度的存在，而且有一股傻劲，觉得为一篇文章杀头也算不了一回事。”[1]

这篇文章倒果真有些“傻”劲。它一开始就提出什么是真正的自由、平等的问题，并且否定了当时一些人鼓吹的“自由就是言论自由、出版自由、结社集会自由、书信秘密自由”，平等就是“国民在法律上个个都平等”的看法。他认为：“妨碍人民自由就是政府”，妨碍平等的就是“那些资本家垄断世界公有的财产”。要“真自由”，就必须实行“安那其”，“废弃政府及附属于政府的机关”；要“真平等”，就必须实行“共产”，“把生产的机关及他所产的物品属

1　《觉醒与活动》，《巴金文集》第十卷，人民文学出版社，1961。

于人民全体”。接着，巴金描绘了一个理想的乐园，在那里，人人各尽其所能，各取其所需，并依各人的能力去分配工作，能做甚么就做甚么……事容易的就可多做几点钟；事难的苦的就可以少做几点钟。你要吃，就有个机关拿饭给你；你要穿，就有衣服给……人人都受平等的教育，没有智愚的分别。

显然，这是俄国克鲁泡特金的那种“无政府共产主义”的翻版。

巴金描绘了一幅美好的未来社会的图景，然后进一步提出，要实现这个图景，“就只有社会革命”，“推翻那万恶的政治。那时这自由平等的社会就要实现了！若是再一味的隐忍，那么，你们就要为资本家的鱼肉了！”

看来巴金是开始摆脱普鲁东式的改良主义的主张而逐渐靠近科学社会主义的理论了。但是，他所指的“社会革命”是什么样的革命？怎样革命呢？他在一九二一年六月一日出版的《半月》二十一期上发表的《I.W.W.[1]与中国劳动者》的文章中，试图解答这个问题。他推荐美国的“世界产业劳动者同盟”，主张把工人阶级组织成生产大军，向资产阶级作不调和的斗争，直到把土地和生产机器夺取过来，由劳动者管理生产和处理产品分配。而对付资产阶级、保护工人利益的最好方法，便是“总同盟罢工”。巴金写道：

“中国劳动者现在最需要的，就是纯粹劳动者组织的团体。”

“组织一个极大的革命劳动团体，同心协力，打破‘国家’、‘政府’、‘法律’等制度，推翻劳动者的最大敌人资产阶级，再把生产机关及其产物收归劳动者所有。”

这样，他又落进了法国、西班牙等国家盛行的无政府工团主义去了，这种工团主义的特点就是主张“纯粹劳动者的组织”，而反对成立工人阶级的政党。同时，巴金对这种工团主义也还不满，因为“他的组织是中央集权的”。这又明显的是受着俄国巴枯宁和克鲁泡特金的那种用“联合主义”代替“中央集权”的主张的影响。

十七岁的巴金已经提出用“社会革命”推翻资产阶级的主张，这在当时无论如何都是进步的，值得充分肯定的。他在文章中也直端端地把矛头对准封建军阀，的确“傻”得可爱。但他毕竟太年轻，太不了解中国革命的实际，缺乏实践的经验，凭个人的直觉和从书本上得到的一点肤浅的理论，当然不可能找到拯救

1 I.W.W.即“The Industrial Workers of the World”的缩写，译成中文即“世界产业劳动者同盟”。

中国的正确药方。他的思想体系中，已经包含了明显的社会主义因素，可是在科学社会主义的门槛边停留下来，在组织工人政党和实行无产阶级专政的问题上产生了疑惑。他单凭一腔热情去冲闯，而不了解革命是一个相当长期、艰巨的过程，需要做许多细致的工作和斗争。他确实希望而且相信只要经过几场风暴，大同世界很快就将降临。他在这年五月写的《世界语（Esperanto）之特点》一文中说：

“今欧战告终，和平开始，离世界大同时期将不远矣。我们主张世界大同的人，应当努力学习‘世界语’，努力传播‘世界语’，使人人能懂‘世界语’；再把安那其主义的思想输入他们的脑筋，那时大同世界就会立刻现于我们的面。”

这种非科学的世界观，给巴金后来的生活道路和创作道路，都带来了许多不好的影响。

一九二一年八月《半月》被禁后，巴金还和他人编过《警群》月刊。写了一篇《中国人到幸福的路》。那是成都聚兴诚银行的几个人，想办刊物又办不起来，遂拉《半月》的人参加。《半月》的人也因为刊物被封，有些稿件没发出去，答应参加。可是，对方看了稿件后，却认为文章过于激烈，经过争论，最后发表了，但因思想不一致，这个刊物只出了一期即行告终。这年底，巴金主持编辑《平民之声》周刊，从四期起连载了他写的《托尔斯泰的生平和学说》。巴金对他的这篇文章下了两个字的苛语：“抄书”。

这时，新文化运动已是“落潮”时期，内部的分化已经日趋激烈。一九二二年七月《新青年》停刊。在成都的军阀政府对新思想的压制逐渐加强，巴金的同事们也相继走散了。一九二三年春，巴金便离开成都到上海求学去了。

2. 走进巴金的世界[1]

谭兴国

在爱的滋润下长大

> 是什么东西把我养育大的？我常常拿这个问题问我自己。当我这样问的时候，最先在我的脑子里浮动的就是一个“爱”字。父母的爱，骨肉的爱，人间的爱，家庭生活的温暖，我的确是一个被人爱着的孩子。
>
> ——《我的幼年》

巴金对童年时代的回忆，是从广元开始的。那是1909年，父亲李道河被任命为广元县知县，结束了在成都“过班知县”[2]的休闲生活，带着全家“浩浩荡荡”地奔赴这个离成都千里之遥的“蜀北门户”。那时，巴金五岁，正是睁眼看世界的年纪。他看见了什么？不是让世人惊叹不已的剑门古道，不是中国历史上赫赫有名的唯一的女皇帝武则天（她诞生于广元）。牵动着他的心的，是大衙门里他家饲养的那群鸡仔，尤其是领头的那只大花公鸡。

鸡是他的伴侣，不，是他的军队，它们一共有二十余只，“兵营”就扎在他住房的后边。细心的巴金给它们一一地起了名字。每天清晨，他便和丫头香儿一道将它们依次放出笼子，晚上又像清点人数似的将它们逐一赶回“兵营”。

1 谭兴国：《走进巴金的世界》，四川文艺出版社，2003。
2 清末的读书人，经过考试或者出钱“捐官”，得到一个替补的头衔，去京城晋见皇帝后，有了空缺便正式任命，这等候时期便叫“过班”。

一天，香儿告诉他，厨师将大花公鸡捉走了，说是太太吩咐宰的。他闻讯立即奔到母亲面前去哭喊着为大花公鸡求情，仁慈的母亲答应了他的请求，叫他另选一只，但他坚持说随便哪只都不准杀。母亲叫他快去厨房，不然大花公鸡就保不住了。等他气咻咻地跑到厨房，晚了，大花公鸡正从厨师的手上被重重地掷到地上。他见状哭着向母亲提出了一个常人看来非常可笑的问题："为什么做了鸡，就该被人杀死做菜吃？"母亲没有回答他，从此他就落了一个"痴儿"的名号，每当香喷喷的鸡肉端上桌时，他总是连筷子也不伸。

"最好的士兵"就这样消失了，而其余的也相继做了宴席上的牺牲品。这段经历在巴金童稚的心灵上留下了阴影，他也从中悟出一个残酷的道理：鸡，只能是为人类做食物而活着的。

"痴儿"的"痴"，说穿了不过是对生命的一种爱。这爱，首先是母亲给予他的。母亲不仅给了他爱，让他品尝到被爱的幸福，同时也教会他去"爱一切人，不管他们贫或富"，不管他们是兄弟姐妹还是丫头老妈子，他们都是"人"。母亲要他"帮助那些在困苦中需要扶持的人"。三哥打了丫头，受到母亲的责备；父亲在审案时动用毒刑，经母亲劝说过后不再用刑……母亲在他幼小的心灵播下了爱的种子。他成年后曾写道：

> 因为受到了爱，认识了爱，才知道把爱分给别人，才想对自己以外的人做一些事情。把我和这个社会联起来的也正是这个爱字，这是我的性格的根柢。
>
> 心中有"爱"，世界就变得美好，才会"爱屋及乌"。
>
> 我们爱夜晚在花园上面天空中照耀的星群，我们爱春天在桃柳枝上鸣叫的小鸟，我们爱那从树梢洒到草地上面的月光，我们爱那使水面现出明亮珠子的太阳。我们爱一只猫，一只小鸟。我们爱一切的人。这个爱字就是母亲教给我的。[1]

在巴金十岁的时候，母亲便去世了，但母亲在他心中播下的爱的种子却在生根发芽，开花结果，伴随着他的一生。

因为要"爱一切人"，所以在大家庭里，他喜欢和"下人"们在一起。他常

1　引文均见《我的几个先生》，1936年9月。

说："我是在仆人、轿夫中长大的。""在鸦片烟灯旁边，我曾帮忙过轿夫们烧火煮饭。在这一群没有知识、缺乏教养的人中间，我得到了我的生活态度，我得到了那个近于原始的正义的信仰，我得到了直爽的性格。"（《将军集·序》）他把那个告诉他"人要忠心、火要空心"的轿夫老周，称作除母亲之外的"第二个先生"。

愈是接近"下人"，巴金愈为他们朴实善良的美德所感动。他从这些被"上人"们视为"抹布"的奶妈、丫头、轿夫们的身上，看到了闪闪发光的东西。在他的笔下，无论是奶妈杨嫂，丫头鸣凤、婉儿、翠环，马夫周贵，看门人李老头（《憩园》）……无不体现着下层人民的优秀品德：忠诚、正直，富于自我牺牲的精神。他从来没有写过一个"下人"中的"反派人物"，甚至《激流》中那个爬上太太高位的陈姨太，他也为她辩护说，不应当让她为大家庭承担罪过；他更把那个被叔叔包养的川戏艺人称作"我的第二母亲"……

幼年的巴金自然不懂得"阶级""压迫""剥削"这类概念，但他从自己耳闻目睹的现实中，看到生活中有许多不公平、不合理甚至残酷的事实：母亲教他"爱一切人"，可是在妹妹出痘子时，奶妈不过偷吃了半碗黄瓜（按中医说法，小孩出痘子时，奶妈不能吃拌黄瓜），被母亲发现，竟叫人用皮鞭打了一顿，赶出了门；那个忠心耿耿侍候巴金兄弟四年的杨嫂，病了，却得不到医治，疯了，连兄弟俩要去看看都不准，甚至还盼望她早死，终于惨死异乡；仆人周贵，就因为偷了老爷一幅字画去卖，便被赶出家门，成了乞丐，终于冻馁地死在街头；一个老轿夫，老了抬不动轿了，转为对面的亲戚家看门，硬说他偷了东西，一个冬夜里吊死在大门内……

从那时起，巴金便暗下决心，一辈子不做"上人"。他说：

> 当这一切在我的眼前发生的时候，我含着眼泪，心里起了火一般的反抗的思想。我说我不要做一个少爷，我要做一个站在他们一边、帮助他们的人。
>
> ——《我的幼年》

同时，在巴金的心灵深处，也暗暗隐藏着一种"赎罪"的心情："老一辈的罪过，要由我们去偿还。"

家：控诉与怀念

巴金的父亲在广元做了两年知县后，在辛亥革命前，带着“清官”的名声回到成都，新置田地四十亩，以长子的身份协助祖父开始管理这个有二十多个“主人”、四五十个仆人的大家庭。

辛亥革命宣告了统治中国267年的清王朝寿终正寝，却没有给这片古老的土地带来和平、民主和繁荣。军阀之间无休无止的战争、预征到几十年后的田粮租税，压得人民苦不堪言。

对少年巴金来说，感受最深的是家庭的两次变故，先是母亲的去世（1914年），接着父亲又走了（1917年）。母亲的去世，使他领略了人间的苦味，结束了无忧无虑的童年生活：“从此我渐渐变成了一个爱思想的孩子。”父亲的离去，则让他更看清楚了大家庭的真面目。他说：“父亲死后，这个富裕的大家庭变成了一个专制的大王国。在和平的、友爱的表面下，我看见了仇恨的倾轧和斗争；同时在我的渴望自由发展的青年的精神上，‘压迫’像沉重的石块重重地压着。”（《家庭的环境》）

一个温馨的家，怎么变成专制王国的呢？说到这里，不妨先对中国传统的家庭制度做一点并非题外的介绍。

中国的家庭结构，从有文字记载始，直到清末民初，大致有三种类型：第一种，人类学家称为“核心家庭”，以父母子女组成；第二种叫“主干家庭”，即父、子、孙三代直系血亲，不包括旁系亲属；第三种叫“共祖家庭”，包括祖、父、孙以及伯、叔及其子女。各朝代各地区虽然有差异，但前两种始终占主导地位。统计数字表明，从两汉至清末，每个家庭（户）人口大致在4～6人，所谓“五口之家”是常数。战国时秦商鞅变法，明文规定：“民有二男以上不分异者，倍其赋。”这“分异”，就是老百姓所说“树大分杈，儿大分家”。分家实际上是发挥各自的独立性、创造性，以减少家庭内部的矛盾冲突。

到了唐代，关东世族入主中原，倡导大家庭，只要尊长在，子孙就不准分家。《唐律》甚至做出规定：“诸祖父母、父母在而子孙别籍异财者，徒三年。”同时规定，如果父母将儿子赶出去另立户口，也“徒二年”。但这种法律实施起来很难，多半还是三代直系血亲的“主干家庭”。随着科举制的发展，特别是“安史之乱”后社会的动乱，“共祖家庭”也就纷纷解体了。其实，“主干家庭”既解决了老一辈人的终养问题，也减少了家庭内部的利害冲突，但人们却往往对“共祖家庭”十分仰慕，甚至以四世同堂、五世同堂为荣耀。为什么呢？原因在于维持这样的家庭，第一要有强大的经济实力，第二要有尊长的绝对权威，第三还要严守长幼有序的礼教传统。这样的家庭正显示了它在这几方面的实力。

基于上述原因，处在新旧交替时代的李氏“共祖家庭”，崩溃是必然的。巴金的父亲死后，大家庭第一次分家，这次分家主要是分了田地，各房成为独立的经济实体。但由于祖父健在，所以还维系着大家庭的门面。1920年祖父去世，大家庭实际上是名存实亡了。在巴金走后，卖掉公馆，再次分家，大家庭就此彻底解体了。

客观地说，李氏大家庭的掌权者从祖父李镛到二叔李华封，都不是冥顽不化的死顽固，不是昏庸无能的草包或坐吃山空的无赖，问题在于，前者就跟历代君王一样，总想要千方百计维持自己一手开创的基业，使之“长宜子孙”，传至千秋万代，他不能不守护“礼法”，树立权威，一切按旧规矩办理；后者明知大厦将倾、回天无术，却又尽力敷衍、维持门面，免担“不孝”的罪名。李镛能让两个儿子去日本留学，回国后在家里开办律师事务所，说明他的远见；他不准巴金上中学，却让他进外国语补习班以便将来好找职业，“缺牙巴咬虱子”，也碰巧为成就一代作家创造了条件；五四时期，家里订了那么些进步刊物，孩子们就在他眼皮下排演新戏，他似乎也很少干涉。至于后者——李华封，巴金在晚年写的《怀念二叔》中，对他的护法精神、他对巴金兄弟的关爱和教育等等，都有生动的描述。甚至在《激流》中被作为“反派角色”来描写的两个叔叔，巴金在后来的文章中也常常提到他们的好处，并不把他们看成是川剧舞台上的“滚龙”小丑那样的人物。

巴金对大家庭，有恨也有爱，有诅咒也有眷恋，那毕竟是他度过了童年和青少年时期的地方。当他刚刚接受五四新思潮的洗礼的时候，他是大家庭里无畏的叛逆者。他对大家庭的罪过、弊端看得十分清楚：在“父与子”[1]的冲突中，他旗帜鲜明地充当着年轻一代的代言人，发出他们的抗议，喊出他们的冤屈，为他们寻求着新生之路。专制家长的压迫，大家庭兄弟之间、妯娌之间的矛盾、倾轧，

1　屠格涅夫的《父与子》描写了19世纪七八十年代那个转折时期两代人之间的冲突：老一代千方百计要走老路，而年轻一代则蔑视一切陈规陋习，向一切权威挑战。

他亲身领略过，他最亲爱的大哥和姐妹们还在受着煎熬，因此，憎恨之情压倒了一切温馨的记忆。写完“激流”，或者说在写第三部《秋》的时候，愤激之情倾吐了出来，慢慢淡化，而大家庭中一些温馨的情景也就悄悄地爬上心头、流出笔尖。不然，为什么巴金会那么细致地去描绘那些类似《红楼梦》中的生活场景？

积愤再深，毕竟已成过去，总结教训，才能有利于将来。巴金在抗战时期，写了《憩园》，为那已经崩溃了的大家庭，唱出一曲动人的挽歌。读者还会记得那个悔恨不已的杨梦痴吧，多少次他偷偷地溜进已经卖掉了的公馆，对着茶花垂泪，默诵着刻在树干上的词句：

多少恨
昨夜梦魂中
还似旧时游上苑
车如流水马如龙
花月正春风

南唐李后主的这首《忆江南·怀旧》，正是巴金的母亲最早向他口述过的。[1]

怀旧之情，人皆有之。俄国诗人普希金说：不要悲伤，不要心急，那阴郁的日子必将过去；而那过去了的，就会变成亲切的怀念。理解巴金对大家庭的情感、认识，只看《家》是不全面的，必须把《家》《春》《秋》《憩园》和他的许多自述文章，以及晚年《随想录》中的《思路》[2]《怀念二叔》等合在一起，才能有一个较为完整的印象、较为准确的判断。

梦，从这里开始

五四运动爆发时，巴金十五岁，他因为生病，离开了外语补习班，正在家中自学，并请香表哥（濮季云）为他补习英语。这段时间，他和几位兄姊如痴如醉

1　《最初的回忆》里记载了这首词。

2　《思路》与重游西湖，记起曾祖李璠《醉墨山房诗话》中读到文徵明悼念岳飞的词“笑区区一桧亦何能，逢其欲”的评论：“诛心之论，痛快淋漓……”巴金说：“在大家叩头高呼‘臣罪当诛’‘天王圣明’的时候，他却理解而且赞赏文徵明的‘诛心之论’，很不简单。”

地阅读着《新青年》《新潮》《每周评论》《少年中国》和成都地区办的《星期日》《学生潮》《威克烈》等进步刊物，并展开热烈的讨论。1920年初，祖父去世后，巴金便和三哥李尧林一道，正式进入“四川公立外国语专门学校”。那正是新文化运动的高潮时期，“外专”接触西方文化多，校长廖学章是运动的热烈拥护者，教师中有外国人，也有如被胡适称为“四川只手打倒孔家店的老英雄”吴虞这样的新文化鼓动者。成都当时的进步刊物，如《威克烈》《半月》就是该校学生创办的；成都最早的话剧演出也在这所学校。

巴金接触西方文化，在入“外专”前便开始了。那时，他主要是从《新小说》月报、《民报》上阅读一些描写俄国19世纪民粹派革命家的故事，也读过林琴南口译的外国小说，并被那些新奇的故事深深吸引。对他思想震动最大的，是进入“外专”之后，从“华阳书报流通处”一个姓陈的人那里得到的一本小册子：克鲁泡特金的《告少年》。这本译文拙劣的薄薄的小书，打开了他心灵的窗户，对他未来的人生道路产生了决定性的影响。

《告少年》是克鲁泡特金流亡瑞士时的一篇讲演稿，针对的正是像巴金这样的青少年，告诉他们处于人生转折的关头时，究竟应当怎么办，怎样去选择未来的道路。

“怎么办？”是做医生吗？当律师吗？做科学家还是当教师、工程师？……克鲁泡特金以长者的身份、谈心的方式，对每一种职业都谈了他的看法。比如做医生，穷人病了，得的是“血亏”的病，因为他住在狭窄黑暗、又阴又冷的屋子里，吃不饱，穿不暖，还得做工，养活几个面黄肌瘦的孩子，你怎么给他治呢？你劝他住宽敞一点，多吃有营养的东西，去旅游旅游、散散心，不要太辛苦……他办得到吗？富人病了，得的是“歇病”，睡不好觉，因为她吃得太好，又不工作，一天就知道收拾打扮，听戏跳舞，迎宾宴客。你劝她少吃有火的东西，多透透空气，静静心，活动活动筋骨……她办得到吗？接下去，他还谈到律师、工程师、科学家等等，结论是：在这个分成贫富两个阶级的社会里，一切都是为少数富有的人服务的，甚至连少数人也服务不了，“科学是个嗜好，医学是个假事，法律是不公道的，工艺是资本家营私致富之具……”怎么办？要治病就要先治生病的根源：贫富不一，就要进行社会主义的革命。克鲁泡特金写道：

总之，你们一切的少年，或是男，或是女，或是农工，或是兵丁，你们全晓得你们的权利。你们当来与我们同心协力，做那革命的事。惟有这法，可以胜那奴隶主义，破除一切旧习，开通那条新路，成了那社会上的真平等真自由，众人合力去工作，众人同享幸福，这才是那正当的人生呢。

不要说我们的力薄，不足以达这目的，仔细想想，我们受了多少不公平的气，那农人为别人做工，自己吃了粗米粗糠，留了好的给他的主人，单算那农人有多少万，岂有反怕他们少数人的道理？那工人织绸织缎，自己却穿了那破衣；那兵丁投身在那枪林弹雨之中，为那些将官求得那功名富贵，若是那兵丁醒悟过来，小小的有点动作，那带兵的也就要面无人色了。[1]

克鲁泡特金把希望主要寄托在平民子弟身上，认为他们只要“有志气，有思想，经过磨难，就会成为社会党”；但对于富家子弟，他也并不排斥，认为只要他们“扫除成见，去他的利己心”，一样可以参加革命。

这本小册子对巴金的影响太大了！他写道：“这里面全是我想说而没法说得清楚的话”，“而且那种带煽动性的笔调简直要把一个十五岁的孩子的心烧成灰了”；“从这时起，我才明白什么是正义，这正义把我的爱和恨调和起来”。（《幼年时代》）

梦，从这里开始；且一梦就是几十年。巴金后来为什么到了北京却不去报考北大？为什么违背大哥的意愿没有去学工程，做工程师，然后“学成归国”振兴家业，而是去了法国？为什么一而再，再而三地声明自己不是文艺家？……全都与这本小册子有关。因为克鲁泡特金告诉他，做一个为民众谋幸福的革命者，那才是最重要的。

巴金就是这样一个人：一旦认定了自己的目标，便坚决朝它走去，哪怕再

1　这里依据巴金当时读到的可能是重庆无政府团体“适社”印送的《告少年》全本译文，其后，真民的节译本和巴金本人的译本译文更准确、更概括。现将巴金的一段译文摘抄如下：“请你们都来，和你们的兄弟们一起努力去预备社会革命罢！社会革命会把一切奴隶制度完全破坏，会把一切镣铐完全打断，会把一切传统完全打破，给人类全体开辟许多新天地。到后来就会使真正的平等、真正的自由、真正的博爱实现在人类社会中。那时候人人都有工作，人人都能完全享受自己劳动的产物，人人都尽量发展有工作，人人都能完全享受自己劳动的产物，人人都尽量发展他们所有的能力；大家终于能过着合理的、人道的、幸福的生活了！”

多的挫折也绝不回头。有意思的是，在那个风云激荡、各种新思想像潮水一般涌来，各式各样的“偶像”摆在人们面前的时候，巴金为什么独独选择了克鲁泡特金？仅仅因为偶然得到了一本《告少年》吗？不！《告少年》只不过说出了少年巴金早就埋在心中想说而说不出来的话而已。假如我们把他们两人对少年时代生活的叙述做一对照，就会发现，这两个不同国度、相距62年的少年的生活和感受，有那么多惊人的相似之处，甚至连语言也出自同一个“话语系统”。这样的例子是举不胜举的，比如：他们都生活在一个旧制度已经死亡却又挣扎着不甘心退出历史舞台的时代；他们都出身于富裕的官僚家庭。克鲁泡特金的家世更显赫，他是世袭亲王、皇室侍从，从小就被皇帝、皇后看中。家里拥有一千余名奴隶。他在莫斯科的旧宫厩区（那是贵胄之家的世袭领地）度过了十五年光阴，在这个八口之家里，却有五十多名服侍的奴婢和马夫。

克鲁泡特金也有一个仁慈的母亲，尽管在他三岁多的时候母亲便死了，但他从母亲留下的日记里、从仆人们的口中以及和邻居农妇的对话里感受到，母亲的爱一直伴随着他。在《我的自传》里，他有这样一段动人的叙述：

> ……我们对母亲的怀念使我们整个幼年时代焕发出光彩。不知有多少次，在黑暗的走廊里，仆婢们用手抚爱过亚历山大（作者的哥哥，与他多年相依相伴，使人联想到巴金的大哥和三哥——笔者注）或是我。再不然，一个农妇在田间遇上我们的时候，便会问：“你们将来会像你们的母亲那样好吗？她真正怜恤我们。你们也会这样，错不了。”这样的事不知有过多少次。她所说的“我们”自然是指农奴们。事实上，要不是我们在我们家里仆婢中间享受到一般孩子享受到的爱的气氛，我们以后不知会变成什么样子。在他们看来，我们是母亲的孩子，我们和她相似，他们便热爱我们，而且有时候，他们的热爱表现得令人感泣……

克鲁泡特金从母亲和仆婢那里得到了爱、懂得了爱，于是，也懂得了把爱给予他人、给予一切受难受苦的人。成人之后，他背叛自己出身的阶级。同样，他也是怀着为长辈“赎罪”的心情，放弃世袭亲王的爵位，投身到为人类解放的事业中去的。

相似之处太多太多，连他们在家里演戏，请仆人们当观众这类细节都“如出一辙”，其余就不再一一介绍了。

当然，不同之处也是有的，其中最大的不同是，克鲁泡特金做过皇家侍从，从事过地理学的研究，又亲身参加了国内和国际的革命运动，他是从科学研究和革命实践中，逐步建立起他的无政府共产主义的理论体系的；而巴金一步入社会便从书本上了解并接受了这套理论，建立起自己牢固的信仰。巴金追随克鲁泡特金绝不是偶然的。

“立誓献身的一瞬间”

读过小说《灭亡》的人大概都还记得这是小说十一章的小标题。这句话，其实来自于俄国民粹派革命家司特普尼亚克的小说《一个虚无主义者的经历》。他说：“我知道在每个革命家一生中都会有这样的一瞬间，当时某些情况尽管本身并不重要，却使他立誓要献身于革命事业。”

克鲁泡特金在《自传》里也引用过这句话。他是这样谈到自己曾有过的“一瞬间”的，那是他流亡西欧，在瑞士日内瓦参加一个工人集会之后。在集会时，他接触到许多参加国际工人协会的工人，他们冒着被雇主解雇的危险去参加会议，还从微薄的工资中拿出几个铜板捐给更困难的工人。他觉得这种牺牲精神是对自己的责备，从而决心去帮助他们，与民众共命运，绝不做那种只知道利用民众来达到自己政治目的的野心家。

巴金是否也有过类似的“一瞬间”呢？看看他的自述，就知道他在少年时代，也有过永远站在“下人”一边去帮助他们的誓言，但那时候，他眼里的“下人”只不过是大家庭中的奴婢、轿夫而已。随着年龄的增长、新思想的洗礼，他不再安于“闭门读书”的生活，他渴望行动，需要散发热情，需要交流，寻求同伴，更盼望找到能给他指路、带领他前进的人。

1920年岁末，夜已深，电灯熄了，《告少年》在他胸中点燃的火熊熊燃烧，他不能成眠，起身点起煤油灯，时而伏案奋笔疾书，时而又站起来在小小的屋子里来回踱步。这是他平生第一次给人写信，收信人是北京《新青年》杂志的主编、激进的年轻人心目中的偶像——陈独秀。

许多年后，那封信中的语句淡忘了，但写信时的情景，激荡在心中的那团火，仍历历如在眼前：他叙说自己的生活、痛苦、迷茫，他请求先生给他指示一条前进的路，即便叫他去赴汤蹈火、让他交出自己的生命，也在所不辞。信发出了，漫长而急切的等待开始了。一天，两天，十天，半月……如石沉大海。也许是邮局丢失，也许收信人根本就没把一个陌生少年的信放在心上，也许他太忙，有更重要的事要做……巴金对此毫无怨言，但他从中懂得了写信人的心情，于是在他后来的生活中，他总是特别珍视读者——尤其是青少年的来信，每信必复，晚年亦是如此。

没收到回信，巴金却意外地得到了上海《申报》赠送的剧本《夜未央》。那时，他和同学正在排演史蒂文森的《金银岛》作为学英语的课外活动，他们争相传阅，沉醉在剧情里。

《夜未央》是波兰革命者廖·抗夫以俄国1905年革命为背景写的剧本，1907年在法国巴黎艺术剧场演出时，轰动了欧洲。剧本写一个民粹派的女革命家，策划指挥暗杀沙皇总督的行动，执行者是她的恋人。爱情和义务的冲突惊心动魄，把剧情推向高潮，最后，主人公亲手点燃信号，让心爱的人拿着炸弹冲向前去，与敌人同归于尽。这位女主人公无疑会使人想到20世纪初中国知识青年，特别是女青年耳熟能详的俄国民粹派革命家苏菲亚·柏罗斯加亚的名字。中国人通常叫她苏菲亚。她是20世纪初中国知识青年的偶像（秋瑾烈士就受过她的精神感召）。

苏菲亚出身俄国最高贵族，系彼得大帝女儿（后来成为伊丽莎白女王）的丈夫的家族。她的祖父做过教育大臣，父亲做过圣彼得堡总督，而她却成了反对沙皇专制的革命者。十几岁时，她便参加了以青年革命党人柴可夫斯基为中心的团体（克鲁泡特金也是这个团体的成员）。这个团体先是以提高个人修养、宣传社会主义思想为宗旨，以后逐渐革命化，走向工农民众，因组织民众和平示威反抗沙皇专制，遭到镇压。苏菲亚一次次被逮捕、关押、流放。当她从流放地逃出后，便加入激进的革命组织“土地与自由社”，和平宣道变成了武装对抗。由于她和她的爱人热利亚博等人主张恐怖、暗杀活动，与倾向马克思主义的蒲列哈诺夫一派发生分裂，前者称民意社，后者称黑分派。民意社多次策划、实施暗杀沙皇事件，终于在1881年3月1日得手，炸死了沙皇尼古拉二世。苏菲亚则是这次活动的主要策划者和发信号的人。几天后，她和同事遭逮捕，她的丈夫也在先前一次行动中被捕。最后他们一同被判死刑，从容地走上绞刑架。她当时才28岁。

苏菲亚的名字在巴金几岁的时候就为当时的青年所熟悉了。先是一个化名

“岭南羽衣女士”的人在《新小说》上刊登了《东欧女豪杰》一文，介绍她的事迹，其后《民报》上又有化名“无首”的人发表了《苏菲亚传》，还有金一在《自由血》中发表的《苏菲亚略传》，另在世界社出版《六十名人》中，也有苏菲亚的“小传”。以上都是民国前出版的。

金一在《苏菲亚略传》中，做了这样的描述：

苏菲亚女士，考其家乘，出自彼得大帝之天皇贵族。夫使其安享平和，消磨岁月，长为贵主身，则天上碧桃，日边红杏，出入煊赫，居处荣华，使人望之如神仙焉。爱娇哉！贵胄哉！然而贵者不自以为贵，娇者不自以为娇，辞金闺，出绣阁，奔走风尘，投身烈火，倒戈皇室，挥剑乘舆，终至断头伏尸而后已。岂鬼祟其脑，天夺其衷乎？不自由毋宁死！此苏菲亚之所以为圣徒也。吾崇拜之，愿吾同胞皆崇拜之。

苏菲亚从事的暗杀活动，并不能推翻专制帝国，这是今日中学生都知道的道理，然而，一个帝王贵胄之家出身的小姐，甘愿放弃令许多人垂涎的富贵生活、“锦绣前程”，到民间去过又苦又累又危险的生活，最后，义无反顾地以身殉了她所信仰的伟大事业，这样的精神，这样的人格，这样的“人”，难道不可以称得上人类宝贵的精神财富而为后世之人所敬仰、学习并视为楷模么？！

在五四新文化运动激起的寻求新知识的热潮中，刚刚被《告少年》点燃胸中烈火的少年巴金，乍一读到《夜未央》的时候，那种激动之情是可想而知的。他说：

我第一次在另一个国家的青年为人民争自由谋幸福的斗争里找到了我梦境中的英雄，找到了我终身的事业。

如果说《告少年》给了巴金一个美丽的“梦”，那么，《夜未央》就让他“找到了我梦境中的英雄”，还有他的“终身的事业”。

这种英雄，不同于他从中国古典小说中看到的忠君爱国、劫富济贫、扶正祛邪的英雄。他们是新人，现实中的人，有理想、有抱负，为着“人民的自由和幸福”，不惜牺牲个人的一切，甚至生命。

晚年巴金在编辑《巴金全集》的时候，在致编辑的信中写道：

> 在沙多·吉里（法国一小城）那个中学里，我读书较多，大都是关于俄国革命者的著作……苏菲亚·柏罗斯加亚是我当时最崇敬的人……我五六岁的时候，俄罗斯革命运动的影响实在太大了。先入为主，我至今还不曾摆脱它。[1]

找到了志同道合的伙伴

找到了“梦境中的英雄”，找到了“终身的事业”，接下来就是采取行动了。

1921年2月，春节刚过，巴金从本校高年级同学主办的《半月》刊上，读到了重庆“适社”的《适社的旨趣和组织大纲》。“适社”是达县人陈小我创办的无政府主义团体，当时在重庆颇有影响。“大纲”宣称这个团体的宗旨是：“铲除统治权力”“建设互助—博爱—平等—自由的世界”“改造美善的新环境，来适应人类全体生存的要求”……这一切正合巴金的心意，他说：“那意见和那组织正是我朝夕所梦想的。”（《忆》）随后，他立即致信《半月》编辑部，希望能介绍他加入该社。两天后，一位编辑带来回信，约他去商业场（原劝业场）的《半月》编辑部会面。巴金后来回忆那次见面时，写道：

> 这个小小的客厅简直成了我的天堂。在那里的两小时的谈话照彻了我的灵魂。我好像一只被风暴打破的船找到了停泊的港口。我的心情昂扬，我带着幸福的微笑回到家里。

从此，他成了《半月》社的一员，并于同年4月成为它的编辑。这是他懂事以来心情最舒畅的一段日子。他终于走出了那个充满争斗，带给他无穷烦恼的大家庭，找到了发散热情实现梦想的机会，更结交了许多和他一样年轻、一样充满朝气、一样有着献身精神的同伴——他们友爱地结成一个新的“家庭”，每个人凭个人的能力、贡献和威信在这个家庭里占有自己的位置。这个团体有一个不成

1　《致树基（代跋）》，《巴金全集》第二十一卷，人民文学出版社，1993。

文的规定：不抽烟，不喝酒，不坐轿子；人人都得靠劳动去换取生存的权利。巴金简直是以初恋似的热情投身在团体里面，每天一下课，他便步行几条街到编辑部去，从写文章、编排稿件、跑印刷厂、回复读者信件、为读者免费借阅书刊，直到扫地抹屋、上下铺板，一切琐细活都干。“五一”到了，那时成都并没有几个人知道这是什么日子，他们就写文章、印传单，亲自上街去散发传单。有时，他们也开一些秘密会议。他们随时都准备把自己的生命献出来，献给理想、献给事业、献给友情，并且相信，自己的牺牲将促使新世界明朝随着初升的太阳而来到。

在《半月》的同仁中，巴金最推崇的有两个人，一个是袁诗荛，一个是吴先忧。袁诗荛是“高师”学生、五四时期成都颇有名气的学生领袖、四川省学联副理事长，先是主办《四川学生潮》，其后参加了《半月》的编辑，并发起成立“均社”。巴金在“激流三部曲”中写的方继舜就是以他为原型，连“方继舜”这三个字，都是有意影射“袁（圆）诗荛”的。他1925年参加中国共产党，1928年被军阀向传义杀害。吴先忧，四川盐亭县人，“外专”学生。他比巴金年长几岁，在创办《半月》时，自动退学，到一家裁缝店做学徒，实践他所信奉的“劳工神圣”的信念。成都人叫他“卫生裁缝”[1]。《激流》中的张惠如就写的是他，书中写到他的近视眼和手上密密麻麻的针眼，还写到他夏天穿着棉袍进当铺，用典当衣服的钱缴纳团体的费用。巴金曾怀着感激的心情，称他为“我的第三个先生”。巴金写道：

> 母亲教给我“爱”；轿夫老周教给我“忠实”（公道）；朋友吴教给我“自我牺牲”。我虽然到现在还不能够做到像他那样地“否定自己”，但是我的行为却始终受着这个影响的支配。

又说：

> 我这个先生的牺牲精神和言行一致的决心，以及他不顾一切毅然实行自己主张的勇气和毅力，在我的生活里留下了不可磨灭的影响。[2]

---

1 “卫生”是当时的流行语，有“新式”“时髦”之意。

2 《我的几个先生》，《巴金文集》第十卷，人民文学出版社，1961。

除巴金外，来自新繁的农家子弟汤道耕（后来的作家艾芜），在决定漂泊南方走半工半读的道路时，也是受了他的感召。

《半月》是32开大小的综合性刊物，半月一期，自1920年8月1日创刊，至1921年7月被禁止，整整一年，共出刊24期。这一年正是新文化运动由高潮到低潮的转折时期。新文化阵营因主张不同而发生分化，被五四运动打得落花流水的旧文化的代表人物，逐渐喘过气来，开始反扑。1921年春天，吴宓、梅光迪等人在南京出版"撞击新文化而张皇旧学问"的《学衡》就是一个征兆。成都原本就是封建文化的重镇，新文化、新思想的宣传和实践，每前进一步都会碰到传统习惯势力的阻挠。《半月》从出版之日起，便配合其他一些进步刊物向守旧势力发起攻击，它结合当时青年人在学习和生活上碰到的一些实际问题展开讨论，比如，男女同校问题，教育改革问题，考试制度问题，青年求学问题等等。当时，成都高师学生办的《学生潮》发表《驳宋芸子议义》，批驳宋芸子反对白话文的言论，导致工业教员养成所校长逼迫学生脱离学生联合会，《半月》赓即发表声援文章。

宋芸子即宋育仁（1857—1931），是尊经书院的高材生，擅长古典词章，支持变法维新，曾做过清政府驻外使馆参赞。戊戌变法失败后，他回到四川，创办过《重庆日报》《成都日报》，对四川思想文化建设颇多贡献。他后来支持杨度搞"孔教会"，为成都孔教会的带头人。在新派人心目中，他是保守势力的代表。

1920年11月27日，成都学生在少城公园蹴球，遭士兵殴打，受伤多人。当晚成百上千学生到皇城请愿，提出"废督""裁兵"等要求，没有得到接见。又去北较场要求靖川军总司令接见，又不得见。次日全市罢课，被称为"全川国民反对军阀的第一声""四川自治运动的第一声"。《半月》发表文章，支持这场斗争。

五四风潮中创办的刊物，有的因人员走散（如《星期日》），有的因经费困难（如《学生潮》），没有多久就自动停刊了。《半月》则是坚持得较久的，而且是被当局查禁停刊的。

1921年7月，正当《半月》同仁积极筹备周年纪念的时候，警察厅发出布告，禁止女子剪发，激起进步青年公愤。《半月》在24期《什么话？》一栏里，登了一条消息：

《国民公报》1921年7月8日载，“省会警察厅出示略云：昨据汪顷波报称，近日妇女每多剪发齐眉，并梳拿破仑华盛顿等头式，实属有伤风化。应予出示禁止，以挽颓风。嗣后妇女已剪者，赓即蓄留；未剪者不得再剪！如敢故违，定以妇女坐法处罚家长！”云。

同时，该栏还刊登了由《半月》主将袁诗荛写的一篇批驳警察厅文告的文章。《半月》立遭查禁。

《半月》倾向无政府主义，发表过鼓吹“走俄国人的道路，建立劳农政府”的文章，说明他们在思想上没有搞清楚无政府派和马克思派的区别在哪里，对苏俄政权还有向往。

最完整表述他们政治革命主张的，是刊载于《半月》21期（1921年6月1日）上由袁诗荛起草的《均社宣言》：

“生产资料归社会公有，废除私有权”；“生活资料为社会公物，人人享受”，“各尽所能，各取所需”。

这里的“公有”“公物”不是“国有”，照他们看来，国家、政府都是“统治包办”的“制度”，“概废去之”。这是一切无政府派所共有的主张。不同的是，“均社”着重强调一个“均”字，反映了小农经济像汪洋大海似的中国农村的平均主义追求。它主张：

一切权利义务的享受服劳应当均等，贵贱、主奴、治者被治者的阶级应当铲除，凡畸形制度为造成阶级束缚争杀的原动力或阻碍平等自由互助的，都应一律取消。

受教育权利，无论何人，都应当平均的享受。

不劳动不能得生存权……不能使劳者独劳，逸者独逸。

私产政府法律军警教会都是妨害人类的进化增加世界的黑暗的……不能不废除它。我们只晓得“各尽所能，各取所需”；教育普及，智能均等。……

总之，他们要建立的是一个“无强权、无国家、无政治、无法律、无武力、无私产、自由消费、无宗教、智能均等”的“平等、博爱、自由社会”。

这是中国古代向往的“大同世界”和西方空想社会主义的结合。如何实现？他们从伦理观上，提出这样的主张：

> 我们确信世界是“爱”组成的，不是“杀”组成的，即世界是互助的，不是竞争的；“爱”是人类的天性，是世界进化的要素，应当极力发挥的，“杀”乃是一种病的现象，是阻碍破坏进化的危害物，我们应当消灭它……用各个人真实的“爱力”去实现我们将来的“爱的世界”。

由此，他们反对一切形式的专制、压迫，既“不能以少数压制多数，亦不能以多数压制少数”；既包括制度的、组织的、法律的，也包括思想的、道德的、观念的压制和束缚；主张“个人的完全自主权”，即个人绝对自由。

具体怎么做，《宣言》提出分三步进行：第一步是“大宣传”，“用文字和语言的鼓吹，提醒人们的觉悟”；第二步是“大破坏”，“大革命运动！用群众示威的运动，部分激烈的手段引起社会的大注意”；第三步是“大建设”，至于怎么做，那是以后的事，因此没有去谈。

这是一份比较完整的无政府主义的纲领。它融合了蒲鲁东的用“联合主义”代替中央集权的思想（“Mutua1ism”这个词，巴金曾译为“互依主义”）、巴枯宁的工团主义革命理论和克鲁泡特金的“互助论”。

少年安那其

《均社宣言》基本上体现了当时巴金的思想和主张。从那时起，他就称自己是“安那其主义者”了。这段时间，他一共写了五篇文章，从不同的角度宣传他的安那其主义主张。他后来回忆写这些文章的情景时，说：

那个时候我不过是一个小孩，会写些带感情的话。我大胆地凭个人的直觉否定了整个现实社会制度的存在，而且有一股傻劲，觉得为一篇文章杀头也算不了一回事。[1]

《怎样建设真正自由平等的社会》一文，是迄今所见到的巴金的最早的一篇文章（《半月》17期，1921年4月）。它一开篇便提出什么是真正的“自由”“平等”的问题。他批驳流行的“自由就是言论自由，出版自由，结社、集会自由，书信秘密自由”，平等就是“在法律上个个都平等”的观点，认为“妨碍自由的就是政府”，不平等是因为资本家“垄断世界公有的财产”，因此，要自由就要取消政府，废除保护私有制的法律。

我说：安那其才是真自由，共产才是真平等。要建设真自由、真平等的社会，就只有社会革命。

怎样的“社会革命”才能“推翻那万恶的政治”呢？在《I.W.W.与中国劳动者》一文（《半月》21期，1921年6月）中，他推荐美国的“世界产业劳动者同盟”，但他不满意它的“中央集权”的组织形式，因而主张建立自愿联合的“纯粹劳动者组织的团体”，用“总同盟罢工”的手段对付资本家，“同心协力，打破‘国家’‘政府’‘法律’等制度，推翻劳动者的最大敌人资产阶级，再把生产机关及其产物收归劳动者所有”。最后他就做起他那“人人各尽所能”“人人都受平等教育”的梦来。

《五一纪念感言》一文（重庆《人声》2号，1921年4月），通过介绍“五一”节的来历，强调与资本斗争的牺牲精神。《世界语（Esperanto）之特点》一文（《半月》20期，1921年5月），则把推广世界语和安那其革命联系起来，认为通过世界语“可以互相通达情意，而融化国家、种族的界限，以建设一个大同的世界”。

《爱国主义与中国人到幸福的路》一文（《警群》第一号，1921年9月1日），是针对“一般较为觉悟的青年”，倡导爱国主义而写的。照无政府派的观点，国家是少数有产者的工具，工人无祖国，自然就不会提倡爱国主义。他们

1　《觉醒与活动》，《巴金文集》第十卷，人民文学出版社，1961。

认为“爱国主义是人类进化的障碍”，是“杀人之制造场”，战争起源于“爱国”，其根据一是第一次世界大战前德国政府鼓动“爱国”，其二是中国当时的军阀战争。巴金认为爱国主义不是幸福之路，无政府主义才是，只有取消了三样东西，中国人才有幸福，这三样东西就是“政府”“私产”和“宗教”。他认为，把这三样东西取消了，“再分配财产，自由组织，互相扶助，各尽所能，各取所需，各图众人之利益，众图个人之安宁。这岂不是幸福吗”？

巴金这几篇文章，偏激、幼稚，不乏空想；是外来的理论加上个人直觉，对中国现实情况缺乏了解和研究的产物。但是那时巴金不过是一个十六七岁的“孩子”，他跨进社会的第一步就能够提出这些苦恼着几代社会精英们的重大问题，并且向人们习以为常的流行观念挑战，那勇气，那探索求真的精神，那放眼全世界的开阔胸怀，不仅难能可贵，而且预示着他将会有一个不平凡的未来。

大爱在心，起点是很高的，未来的路怎么走呢？

《半月》被禁，五四掀起的新文化风潮也落下了帷幕。成都最先觉醒的一批新文化的带头人，纷纷走出夔门，有的出国，有的去了北京、上海，留下的也大多忙于生计，或者转换了阵地。巴金虽然还与人编过一期《警群》，与吴先忧编过几期《平民之声》，但友朋星散，大势已去，先前的激情也慢慢冷却下来。

寂寞把他带向文学，或者说，寂寞使他潜在的文学素养得到发挥。他的文学素养来自于渊博的家学，也来自于他敏感的性格、多血质的遗传基因。

巴金出身一个移民的书香之家，祖籍浙江嘉兴，大约在18世纪初，高祖李介庵做官入川，落户于成都。这座有着浓厚人文气息的文化古城，给这个家庭以施展才华的机会，这方面也和克鲁泡特金很相似。巴金的曾祖李璠对文学颇有研究，刻印过一部《醉墨山房诗话》。祖父李镛也能诗好文，他给自己起了一个雅号：皖云。他自刻过一部诗集《秋棠山馆诗钞》，他爱结交名士，收藏古玩字画，喜欢川剧……巴金本名李尧棠，字芾甘，这名字就是他给起的，源自《诗经·召南·甘棠》：“蔽芾甘棠，勿剪勿伐，召伯所茇。”甘棠是一种大树，据古人解释，召伯南巡曾在这棵树下休息过，百姓怀念他的恩德，作歌告诫后人，不要砍伐这棵树。单是这起名，就可见他是有学问的。

父亲李道河，是川剧爱好者，自己还编过剧本《知事现形记》，内容是当时流行的《官场现形记》一类的东西。

母亲从巴金童年起便教他《白香词谱》；二叔则给他讲春秋《左传》，讲

"春秋笔法"，讲"做人有骨气，作文也有骨气"；再加上会讲故事的保姆、轿夫……都对他后来的人生道路有影响。

巴金天性敏感，极富同情心，别人不以为意的事，他却在感情上掀起波澜；别人一分痛苦，他有十分。这样的家庭熏陶，这样的个性特点，迟早都会把他引领到文学的道路上去；同时也使他容易接受西方无政府主义者那些煽动力极强的文字、浪漫的幻想和传奇式的人物故事。

《半月》停刊，政治的狂热已过，同伴走散了。在那两三年时间里，巴金把许多课余时间用在写诗上，以消解内心的寂寞，抒发对人世不平的愤懑。

迄今发现巴金最早的文学作品是刊登在上海《时事新报·文学旬刊》上的组诗《被虐待者底哭声》（1922年7月21日，共12首小诗）和《路上所见》（载《文学旬刊》1922年9月11日），还有一篇小说类的作品《可爱的人》（作于1922年9月3日，载《文学旬刊》1922年11月1日）和诗《梦》《疯人》《惭愧》《丧家的小孩》（均载于《文学旬刊》1922年11月21日）。接着，他于1923年又相继在成都出版的《草堂》第2期、第3期上发表两组《诗四首》（《母亲》等，1月23日；5月5日）；他还在成都出版的《孤吟》一期上发表了他迄今所见最长的一首政治抒情诗《报复》（5月15日），在二期发表《小诗（四首）》（5月31日），在三期发表《小诗——哭侄诗之一》（6月15日）；1923年10月，在南京《妇女杂志》发表《诗二首》（包括《一生》《黑夜行舟》）；1924年5月1日，在广州《春雷》发表《悼橘宗一》和《伟大的殉道者——呈同志大杉荣君之灵》。

这段时间，巴金总计发表诗15首（篇），小说一篇，没有发表的还不知有多少。另外，现在还发现他的一篇纪实散文残稿《嘉兴杂忆》（1923年12月写于南京）。

这应该是巴金在文学上的起步阶段。作家本人长时期都不提它们，谈"处女作"总说是《灭亡》，总说自己的创作是从1928年在法国开始的。其实，作为小说家的巴金在开始创作《灭亡》之前，是曾经有过一个"诗情喷发期"的。这些诗艺术上虽不成熟，带有模仿当时流行"小诗"的痕迹，但这类小诗或倾吐他对母亲的怀念，抒写失去母亲的孩子的悲哀；或从日常生活小事中发掘蕴含的某种生活哲理；或独白似的流露诗人孤寂的心情。诗中既有对被虐待者的同情和尊敬，也有对暴虐者的憎恶和谴责，还有对生命的珍惜和对自由的渴望，处处表现了他对下层人民深厚的爱心：为养家糊口小小年纪就去抬轿子的少年；为被插上草标像牲口一样出卖的儿童；为街边要饭的乞丐；为失去母亲的孤儿……扩而大之，一切遭受摧残、压抑、扭曲的生命，皮鞭下的水牛，笼子里的鸟儿，盆里被扭曲的树，园子里被秋风秋雨打落入泥的桂花……全都撞击着他敏感的心灵。作品中没有吟风弄月的雅兴，没有月下花前的幽情，全是苦难和不平，似乎全世界的不幸都装在他十六七岁的小小脑袋里。他不卖弄文字，不故作高深，诗行不押韵，比较散文化，平朴而自然。从他致《文学旬刊》的信中可看出[1]，那时他就有自己的追求，他的文学起步是有准备的。他在信中说："近来《礼拜六》《半月》《快活》《游戏世界》等等杂志很发达，不能算是好现象。"他在创作中不走"鸳鸯蝴蝶派"的路子，不把文学作为茶余饭后消遣的工具；同时注意让"一般没有高深学识的人"能看懂。如：

没有母亲保护的小孩，
是野外任人践踏的荒草啊！

——《诗四首（之一）》
1923年5月5日《草堂》三期

笼中的鸟也会高飞天空啊！
可是现在它嘲笑在空中彷徨的乌鸦了！

——《小诗（四）》
1923年5月31日《孤吟》二期

假若有一个极富的人，
　将他所有的金钱
　散与一切的贫民；
　这时一般人定说他是疯人了。
但是现在世界中正需要一个这样的疯人啊！

假若有一个商人，
　将他所有的货物

1　《时事新报·文学旬刊》，1922年9月11日。

散与一切的贫民；
这时一般人定说他是疯人了。
但是现在世界中正需要一个这样的疯人啊！

假若有一个大田主，
将他所有的粗米
散与一切的贫民；
这时一般人定说他是疯人了。
但是现在世界中正需要一个这样的疯人啊！

我决意要在现在世界中，
寻出一个——只寻出一个——疯人，
但是失败了；
因为我是生在这聪明人的世界中啊！
这世界中已没有一个疯人存在了。

——《疯人》

1922年11月21日《时事新报·文学旬刊》

寻求生活哲理，抒发内心的苦闷、矛盾，揭露社会的不公，是巴金此时诗作的主调，但这和他的安那其主义信仰并不矛盾，可以说，这些诗正是他情感化的安那其思想的流露。

在此，还应提到的是巴金稍晚的几首政治诗。一是控诉军阀赵恒惕杀害工人领袖黄爱、庞人铨（两人均是无政府主义者）的《报复》，二是悼念被日本政府迫害的日本无政府主义者大杉荣和他的侄儿橘宗一的《伟大的殉道者》《悼橘宗一》。坦白地讲，这几首诗作诗艺是谈不上的，但说明他创作一起步，便将眼光投向世界各地，眼界的宽广、对信仰的执著是令人叹服的。

1923年9月1日，东京大地震，日本当局借机杀害革命者。作者在《悼橘宗一》诗中注云："橘宗一君，大杉荣之甥，其妹之独子。1917年生于美国。1923年6月同母亲来日本。9月1日震灾发生，君与大杉荣夫妇同为宪兵大尉甘粕正彦所杀，实是近年来一大惨剧！昨于《劳动运动》上见君的遗照，悲愤不已，便和泪写了这首诗。”除写诗外，巴金还编著了《大杉荣著作年表》《大杉荣年谱》。与此同时，他还把东京安那其主义者用世界语写的《1923年日本大震灾中日本政府军阀及反动党对于安那其主义者的攻击》译成中文，刊于《惊蛰》（第1期，1924年）；在《春雷》的同一期上，除诗外，还载有他从日本《劳动运动》上转译的《东京安那其主义者一九二三年十月二十五日报告》。报告中写道：

> 最近我们高丽同志朴烈、金重汉，日本同志金子文，同其他三个同志以秘密结合反抗天皇的罪名，被逮捕了。又有十五个高丽人——以秘密结合的罪名受审讯了。他们是勇敢的无政府主义者！
>
> 这件事被认为“高丽人谋叛”，这是日本政府借口的话。因为在前次震灾的时候，几千个高丽、中国、日本的革命党，曾被狂暴的人民、兵士、宪兵和警察残酷地屠杀，他们是受了政府和军阀的强权者指使的。军阀和政府的强权者曾向他们虚伪地宣传说：“警告高丽人、中国人和有革命狂的人们；因为他们先攻击我们：男子！快武装起来！妇女、幼儿和老人快逃避！”——世界上的同志们！永久不要忘记日本政府这种残酷的蛮行！

1923年冬，巴金和三哥李尧林一道从上海转入南京东南大学附中上学，诗开始写得少了，因为他一头扎进了对无政府主义的研究之中。他在《春雷》登启事云：“我欲考究安那其主义者在中国运动的成绩，故拟搜集历年所出版之关于此主义的书报，同志们如有此类书报（不论新的旧的）望赠我一份，如要代价者，可先函商。”

从这时起，巴金可以说是全身心投入了无政府主义运动，他和国内外的无政府主义者以及无政府主义团体有了越来越多的联系。他给全国一些有无政府主义倾向的报刊写文章，如广州的《民钟》、南京的《春雷》、北京的《国风日报·学汇》、上海的《时事新报·学灯》等等。1925年，巴金中学毕业，三哥考进苏州东吴大学，他独上北京投考北大，结果没有考试就回到了上海。后来在赴法途中，他给一个年长的友人写信，说到了这个时期他内心的苦闷。他曾经想用佛教的理论来安慰自己，结果苦闷一天一天增加，感觉佛教里那些玄妙的理论既救不了自己，也不能帮助别人。他说："于是我不能够忍受下去了，便重回到现实的路上，做一个社会运动者，要用人群的力量来把这世界改造成一个幸福的世界，使将来不再有一个人受苦。"[1]

他所说的"社会运动"，便是无政府主义运动。回上海不久，他和朋友们便组织"民众社"，出版《民众》半月刊。参加发起的十六个人，全是当时很活跃的主张无政府主义的青年，其中许多成为巴金终生不渝的朋友，比如惠林、剑波、一波、索非、仲九、抱朴、茹秋（沈龙海，朝鲜人）……这些朋友，有的在大学念书兼搞学生运动，有的办青年劳工协会，有的办报纸，有的组织"上海工团自治联合会"从事工人运动……巴金一边养病，一边编《民众》，写文章，搞翻译。他研究无政府主义的理论和学说，探讨革命中碰到的实际问题。（见《无政府主义的阶级性》《讨论如何进行的两封信附记》等）他关注朝鲜亡命者反对日本占领者的独立运动（致北京高丽青年社诸君的《一封公开的信》）；尤其关注俄国革命的进程……他还和朋友们筹划组织"我们的全国大联盟"。如果说，在成都的《半月》时期，他的无政府的信仰还更多地带些感性的色彩，那么，在这时则有了比较深入的理性的思考和认识。他写道：

> 固然在全世界中有千万个无政府主义者，然而他们并没有联合成一个整体，并不曾走上同一条道路。他们所相同的不过是"无政府主义者"这个名称而已。除了那些终日与资本家企业主斗争的工人的无政府主义者（劳动团体的活动分子）而外，我们到处所见着的无政府主义者都是些无政府个人主义者、尼采的信徒、新虚无主义者，以及许多带有托尔斯泰派或佛教或玄妙精神的无政府主义者，他们根本反对阶级斗争，反对加入工团活动。

接着巴金嘲笑那些"戴上博爱的面具"的"超人"：

> ……大家都是无政府主义者！……唯心论者要和唯物论者称同志了，甚至资产阶级也和无产阶级称同志了；重视个人享乐的人也和在工厂做苦工的工人称同志了。这样一来，无政府主义的精神便失去了。有

1 《海行杂记·两封信》，《巴金文集》第十一卷，人民文学出版社，1961。

人把无政府主义看成无上的“救世仙方”，说它可以消灭全世界各阶级所感受的痛苦，可以救济各阶级。所以他们便说无政府主义是全人类的理想，是建立在超于阶级斗争之上的。

他认为：“无政府主义，那是劳动群众的革命理想，那是以暴力推翻现在‘秩序’而建立无压迫的劳动社会的解释”，因此，“阶级斗争实在是无政府主义的特性，只有由阶级斗争才能实现无政府主义”。[1]

这样一来，巴金实际上和祖师爷蒲鲁东主张的通过“国民银行”“和平的由资本制度进化到无政府”的主张有了区别，和主张“没有任何东西高出于我”的极端个人主义的无政府派划清了界限；甚至比他赞同的“工团主义”，即通过“总同盟罢工”去反对资产阶级的巴枯宁主义都进了一步，因为“阶级斗争”并不排斥“武力”。

巴金的这些主张，从终极目的看，和马克思派没有任何分歧；和搞阶级斗争也没有分歧。分歧在哪里？巴金说：

无政府主义者的阶级斗争是直接的，并非为着政治的目的，所以排斥一切专政，便是马克思派所主张的无产阶级专政也是我们极端否认的。我们所注重的是经济的目的，即是用武力把现在社会的财富从资产阶级手中夺取回来，归还于社会，由生产者（工人）自己组织去接收。至于国家咧，政府咧，都是应该消灭的。[2]

这里说的“政治的目的”，即是夺取政权，建立无产阶级专政的国家。分歧就在这里。可别小看这种分歧，纸上谈兵，攻击资本主义，大家似乎都站在同一战线甚至使用着相同的语言，可真正革起命来，强调权威、纪律、高度集中的集权思想，强调个人充分自由、主张集体间的自由联盟思想，便每时每刻都会发生冲突，甚至火并、相互仇杀。而革命之后，要不要建立无产阶级专政的政权，又是一个回避不了的生死攸关的大问题。

马克思、恩格斯在《共产党宣言》中，谈到共产党人对各种反对党派的态度

1 《无政府主义的阶级性》。
2 《无政府主义的阶级性》。

时说：

> 总之，共产党人到处都支持一切反对现存的社会制度和政治制度的革命运动。

其中自然就包括无政府派。因此，他们起草《宣言》时，主张拟定一个包括西班牙和意大利的蒲鲁东主义者都能接受的共同纲领，以便壮大反资本主义斗争的力量，并教育和争取受无政府思想影响的群众。可是到1872年第一国际开会时，他们却担心巴枯宁夺取领导权，而将其开除出了第一国际。

俄国从二月革命到十月革命，许多民粹派革命家、无政府主义者和受他们影响的民众都参加了，但在革命后，因主张不同，他们则遭到排斥、镇压，甚至因而酿成了叛乱。

在中国，五四之前，无政府主义曾被许多激进青年接受，作为反封建反资本主义的武器；随着马克思主义的广泛传播、十月革命影响的扩展以及中国共产党的建立，尤其在“国共合作”进入“第一次国内革命战争时期”，无政府主义的影响逐渐缩小并开始分化。第一代的信徒，如李石曾、吴稚晖们，做了国民党的高官，而不少年轻的信徒则转向马克思主义，加入了中国共产党。巴金和他的朋友们，坚持自己的信念，力图建立一套完整的、适合中国国情的理论和策略，也试图建立一个全国性的组织团体，然而，收效甚微，处境尴尬。巴金的朋友吴克刚（笔名君毅）在《关于〈克鲁泡特金全集〉的两封信》中写道：

> 中国民族，现在走到了一个十字路口，旧路已经断了，新路还未找到。向右转呢？是西欧的资本主义帝国主义（国家主义）的死路。向左转呢？是俄国的列宁主义（我不说共产主义），一党专政（我不说无产阶级专政）的覆辙。[1]

这是他们共同的问题，共同的苦恼。他们想要走一条既非欧美资本主义，又非苏俄“列宁主义”的新路，是什么样的路呢？概括言之就是两句话：自由代替强权，平等使用代替私有财产制。

1 《民钟》第1卷第15期，1926年6月。“两封信”，是格拉佛和君毅致巴金的信。

巴金说："二十世纪正是这两大原理（自由之原理与强权之原理）决死战斗的时代。在这场大战中，一边竖着强权的大旗，立在这旗帜下面的人数是多极了，各党各派都有；一边竖着自由的大旗，团聚在这旗帜下的有无政府主义者（无政府工团主义者在内），人数虽少得多，然而却得民众的暗中帮助，因为民众总是有意无意地和强权战斗。"

巴金把"与强权的党派战斗"视为无政府主义者的天职，是"拥护着自由之原理和民众之利益"。他说："所有强权的党派总是迷信强权，以为非用强权不能使人们幸福。如果他们也高呼'反抗压迫'，则他们不是仅仅反对别人来压迫他们，便是主张改变压迫的形式，或减轻一点压迫的苦痛。……一旦他们得势，依旧杀人如麻，压迫如故。只有无政府主义者才懂得自由，才酷爱自由。"[1]

这是就一般原理讲的，没有具体指出谁是"强权的党派"。文章写于1929年他从法国归来之时，当然有批评国民党当局的意思。但是，这种反对一切"强权的党派"的思想，必然导致他和主张"无产阶级专政"的马克思主义派的冲突。20世纪20年代中期，巴金和郭沫若关于国家学说的争论以及他对苏俄政权的批判，就是他所说的"两大原理"之争的集中表现。

爱玛·高德曼——"精神上的母亲"

爱玛·高德曼，立陶宛人，入美籍，国际著名无政府主义者。萧伯纳曾赞美她"为了信仰而坐过牢，希望革命建立自由"。

巴金早在十五岁时就读过她的文章，那是从北京大学无政府组织"适社"编辑的《自由录》第一集和《新青年》杂志上读到的。那时，《告少年》和《夜未央》在他心中点燃的火正熊熊燃烧，他正期盼着陈独秀能够回信给他指示一条未来前进的道路，没有收到回信，高德曼的文章却把他"征服"了。他写道：

> 高德曼的文章以她那雄辩的论据，精密的理论，深透的眼光，丰富的学识，简明的文体，带煽动性的笔调，毫不费力地把我这一个十五岁

1　《无政府主义原理——为克鲁泡特金八年祭而作》，载《平等》第2卷第2期，1929年2月。

的孩子征服了。况且在不久以前我还读过两本很有力量的小书，而我的近几年来的家庭生活又使我猛烈地憎厌了一切的强权，而驱使着我去走解放的路。[1]

这“解放的路”是什么？就是无政府主义的革命。《告少年》让他懂得了正义，《夜未央》使他找到了“梦中的英雄”，而真正使他接受无政府主义的，却是高德曼。在《适社自由录》（第一集）里，有高德曼的《爱国主义》《无政府主义》《结婚与恋爱》三篇文章。她的以暴力革命摧毁现存政治、经济、宗教制度的思想，她的寻求个人独立、自由和妇女解放的思想，都给巴金以极大的影响，并在他早期的一批文章中得到了反映。巴金用了“征服”两字。十五岁的孩子把他潜意识的恋母情结转移到了这位异国的女子身上，内心从这时起就认定了她是他“精神上的母亲”了。接着他加入《半月》社，成了一名狂热的无政府主义信徒。

从《半月》被查禁到去上海、南京上学的两三年时间，由于先前的同伴走散，加之忙于功课，准备报考学校，巴金情绪低沉，对无政府主义的热情也有所减退，常常用给家乡的大哥写信和写一些小诗来排解寂寞。直到1924年底，从《民钟》上读到高德曼的文章——《摧残革命的暴力》《俄国革命的失败》，又激起他投身社会改革的热情。他根据高德曼的文章，写了第一篇批评苏共和列宁的文章《“欠夹”——布尔什维克的利刃》（《民钟》1925年1月1日），从此一发不可收拾。正好此时友人秦抱朴介绍他与高德曼通信，这正是他四年前的愿望，那时他读高德曼的文章就想去信，只是用英文写信困难便放弃了。这次终于有了机会。秦抱朴1920年在莫斯科时结识了高德曼，有他的介绍去信就是很自然的事了。巴金在信中谈起大家庭生活的苦恼，谈起几年前读她文章的感受……出乎意料，回信很快就寄到了他的手上。高德曼写道：

你的美丽的信和抱朴同志的信，上星期到了我的手里，我不能够对你谈出我是怎样深受了你的感动，而且你的话又是怎样地鼓舞了我。我知道我对于一个如此年轻的学生居然会给了很大的影响，我是非常快活的，你才十五岁，就读了我的文章，我常常梦想着我的著作会帮助许多

1　《忆》，115页，1936年文化生活出版社所出单行本。

真挚的热烈的男女青年倾向着安那其主义的理想，这理想在我看来是一切理想中最美丽的一个。

……你说你是从一个富裕的家庭里出来的，这没有什么关系。在资产阶级里面也常常产生了活跃的革命家来，事实上在我们的运动里大部分的理智的领导者，都是这样的一类人，他们注意社会问题，并非由于他们自己的困苦境遇，而是因为他们不能坐视着大众的痛苦；而且你生在资产阶级家庭里，并不是你自己的错误，我们并不能够自己选择出生的地方，但是以后的生活就可以由我们自己来处理了。我看出来你是有着每个青年叛逆者所应有的真挚和热情的，我很喜欢这种性格，如今更是不可缺少的，因为只为了一点小小的好处，许多人就会卖掉他们的灵魂——这样的事情到处都会有。连他们对于社会理想的兴味也只是表面的，只要遇上一点小小的困难，他们就会把它抛掉。因此我知道在你们那里你和别的青年人真挚地思索着，行动着，而且深切地爱着我们美丽的理想，我觉得十分高兴……[1]

不难想象20岁的巴金收到这封信后是多么的欢欣鼓舞，从此他全力投入了无政府主义运动，并和她建立了多年通讯关系。这个时期，他翻译她写的《玛利亚·司皮利多诺瓦的迫害事件》《妇女解放的悲剧》等多篇文章；他写的《列宁论》《〈俄罗斯革命中的妇女〉补》[2]，以及后来完成的《俄罗斯十女杰》，都非常明显地受到了高德曼和她的恋人——《地底下的俄罗斯》的作者柏克曼的影响。

巴金在成长过程中，每一个时期都有一个或几个对他影响最大的人，这个时期，无疑是高德曼。几年之后，他已是全国最受年轻人喜爱的作家，然而写作的成就越大，他内心的矛盾似乎越尖锐。他立志要做一个社会革命的实践者，要去参加变革现实的斗争，却又放不下写作，他审判自己："我当初为什么要拣了这一条路呢？我为什么不参加在广大的人丛中去，去分享他们的快乐和悲苦，却躲在狭小的屋子里在寂寞与死亡中拿写作来消耗我的年轻的生命？"[3]他想到了高德曼。从法国归来后，他就没给她去信了。他写了一封信——《给E.G》，信中写

1　徐开垒：《巴金传》，68～69页，上海文艺出版社，1991。
2　《俄罗斯革命中的妇女》系巴金友人卢剑波著，因此巴金写文作为"补"。
3　《最后的审判》，《光明集》，1932年。

道：“E.G，我没有死，但是我违背了当初的约言，我不曾做过一件当初应允你们的事情。……在你们的Mi—lien里我是死了，我把自己杀死了。”信是1933年写的，后来作了短篇小说集《将军集》的序言。所谓“约言”，是他们当年通讯中，一再表示要参加实际的革命斗争，也就是无政府派的反抗专制压迫的活动。照无政府派的观点看来，干革命就要实际地去干，写文章——特别是写小说，作用是不大的。“一枚爆裂弹，胜过十万卷书”，对一个穷人来说，“一双靴子要比所有你们的《圣母像》和所有你们的关于莎士比亚的精美的讨论贵重得多”。[1] 巴金是在读了高德曼的自传之后写的这封信，他想参加实际革命活动，跟随高德曼和她的无政府派的同志们，到西班牙巴塞罗那去，投入保卫共和国的反法西斯的斗争，但他又离不开文学，结果没有去成。直到很久以后，他都认为自己还够不上称为“无政府主义者”。他说：“其实如果真正是无政府主义，就不写小说了。真正革命就要去搞了。我思想上有矛盾，既感到有比艺术更重要的东西，又丢不掉艺术。”[2]

巴金曾说，高德曼对他的影响“正好似Meysenbug对罗曼·罗兰一样”，“爱玛·高德曼的论文和她的《近代戏剧论》一书对我的影响也很大”。他对法国大革命的认识和所写的《伯斯庇尔的秘密》等几篇小说，明显地受高德曼《法国大革命史》的影响；而后来在准备写那部阐明他的无政府主义观点的带总结性的专著《从资本主义到安那其主义》之前，在法国，他还曾和她多次通信，交换看法。

巴金在“爱情三部曲”中，写到“E地活动的青年们”把高德曼、马拉铁斯达的画像挂在自己的房间里；在《雷》里写到那个热情、泼辣、“可以使每个青年男子心醉”的女子慧，秉持的正是高德曼的非常前卫的性爱观，认为任何婚姻制度都是束缚，应当废除，使男女都能得到彻底解放：“自然给我们一种本能，一种欲求，我们就有权利使它满足。”

通过对慧的描写，作家把人的合理的本能追求——情欲的满足，与为理想和信仰而献身的精神统一起来，也许这就是他心目中的高德曼式的新女性吧！

1　引自克鲁泡特金《我的自传》，295页，开明书店，1929。
2　《答谭兴国问》，《巴金全集》第十九卷，人民文学出版社，1993。

第三部分

巴金自述[1]

1 本部分选编巴金回忆在四川大学前身之一的四川公立外国语专门学校学习前后有关情况的部分文字。

1. 家庭的环境[1]

巴　金

我们回到成都，又换了一个新的环境，而且不久革命就爆发了。

我当时一点也不懂什么叫做革命，更谈不到拥护或者害怕，只有10月18日的兵变给我留下了一个恐怖的印象。

那些日子我仍旧在书房里读书。一天一天听见教书先生（他姓龙）用激动的声音讲起当时川汉铁路的风潮。

龙先生是个新党，所以他站在人民一方面。自然他不敢公开说出反对清朝政府的话。不过对于被捕的七个请愿代表，他却表示大的尊敬，而且他不喜欢当时的总督赵尔丰。

二叔和三叔从日本留学回来不过一两年。他们的辫子是在日本剪掉了的（我现在记不清楚是两个人的辫子都剪掉了，还只是其中的一个剪掉了辫子），现在他们戴上了假的辫子。有些人在背后挖苦他们，骂他们是革命党。

我的脑后垂着一根小小的、用红头绳缠的硬辫子；我每天早晨都要母亲或者老妈子给我梳头，我觉得这是很讨厌的事情。因此我倒喜欢那些主张剪掉辫子的革命党。

旧历10月18日是祖母的生忌（冥寿），家里的人忙着摆供。

下午就听说外面风声不大好。

五点钟光景，父亲他们正在堂屋里磕头。忽然一个仆人进来报告：外面发生

1　巴金：《巴金全集》（第十二卷），人民文学出版社，1989。本篇最初收入1934年第一出版社版《巴金自传》，未在报刊发表过。

了兵变，好几家银行和当铺都被抢了。我们二伯父的公馆也遭到变兵的光顾。

其实后一个消息是不确实的。二伯父的公馆虽然离我们这里很近，但是在当时谁也失掉了判断力，况且二伯父一家又是北门一带的首富，很有遭抢劫的可能。

于是堂屋里起了一个小小的骚动，众人马上四散了。各人回到房里去想“逃难”的办法。

父亲和母亲商量了片刻，大家就忙乱起来。

一个仆人帮忙父亲把地板撬开一块，从立柜里取出十几封银元放在地板下面。后来他们又放了好几封银元在后花园的井里。

又有人忙着搬梯子来，把几口红皮箱放到顶楼板上面去，那里是藏东西的地方。

同时母亲叫人雇了几乘轿子来，把我们弟兄姊妹带到外祖母家里去。大哥陪着父亲留在家里。

我和母亲坐在一乘轿子里面。母亲抱着我。我不时偷偷地拉起轿帘看外面的街景。

街上有些人在跑。好几乘轿子迎面撞过来。没有看见一个变兵。

晚上我们都挤在外祖母房里，大家都不说话。

外面起了枪声，半个天空都染红了。一个年轻的舅父在窗下对我们说话。这些话都是很可怕的。

外祖母闭着眼睛念佛。

后来附近一带突然起了嘈杂的人声。好像离这里只有十几步路的赵公馆给变兵打进去了。

闹声、哭声、枪声、物件撞击声……响成了一片。

外祖母逼着母亲逃走，母亲不肯。大家争论了片刻，母亲就带着我们到了后面天井里。外祖母一定不肯走，她说她念佛吃素多年了，菩萨会保佑她。

天是红的。几株树上有乌鸦在叫。枪声，我们也听得很清楚。

母亲发出了几声绝望的叹息。她还关心到外祖母，关心到父亲。

舅父给我们搬了梯子来。墙并不高。一个老妈子先爬到墙外去。然后母亲、三哥、我都爬过去了。接着我的两个姐姐也爬了过去。

墙外是一个菜园。我们在菜畦里躲了好些时候，简直顾不到寒冷了。

后来我们看见没有什么动静，才到那个管菜园的老太婆的茅棚里坐了一夜。

那个老太婆亲切地招待我们，还给我们弄热茶来喝。

母亲一晚上都在担心家里的事情。第二天（19日）的上午外面平静了，她就带着我一个人先回家。父亲和大哥惊喜地迎接我们。

父亲告诉我们：昨晚半夜里果然有十几个变兵撬了大门进来。家里已经有了准备，十几个堂勇端起火药枪在二门外的天井里排成了两排，再加上三叔的两个镖客（三叔在南充做知县，刚刚从那里回来）。变兵看见这里人多，不敢动手，只说来借点路费。父亲叫人拿了一封银元出来送给他们，他们就走了。只损失了这一百圆。以后再也没有变兵进来过。

这一晚上在家里就只有父亲和大哥照料着。叔父和婶娘们都避开了，祖父也到别处去了。

这一天是母亲和我的生日，但是家里已经忘了这件事情。

从此我们就平平安安地过下去。地板下面的银元自然取了出来。井里的却不知给谁拿去了，父亲叫人来淘了两次井，都没有找到。

赵尔丰被革命党捉住杀头的消息使龙先生非常高兴，同时在我们的家里产生了种种不同的印象。在以后许多天里，我们都听见人们在谈论赵尔丰被杀头的事情。

共和革命算是成功了。

二叔和三叔头上的假辫子也取了下来。再没有人嘲笑他们的"秃头"了。

在一个晴明的下午，仆人姜福（他不知道从哪里刚学会了剪发的手艺）找了一把剪发的洋剪刀，把我和三哥的小辫子剪掉了。

接着我们全家的男人都剪掉了辫子。仆人中有一两个不肯剪的，却不留心在街上给警察强迫剪去了。

我们家里开始做新的国旗。照例由父亲管这些事情。他拿一大块白洋布摊在方桌上面，先用一个极大的碗，把墨汁涂了碗口，印了一个大圆形在布上，然后用一个小杯子在大圆形的周围印了十八个小圈。在大圆形里面写了一个"汉"字，十八个小圈代表当时的十八省。

我对于做国旗的事情感到兴趣。但是不久中华民国成立，我们家里又把大汉旗收起，另外做了五色旗。

祖父因为革命而感到悲哀。父亲没有表示什么意见。二叔断送了他的四品的官。三叔却给自己起了个“亡国大夫”的笔名。三叔还是一个诗人，写过不少诗词。祖父也是诗人，还印过一册诗集《秋棠山馆诗钞》送人。父亲和二叔却不常做诗。

至于我们这一辈，虽然大都是小孩子，但是对于清朝政府的灭亡，都觉得高兴。

清朝倒了。我们依旧在龙先生的教导下面读书。但是大哥不久就进了中学。

两年半以后，母亲永远离开了我们。

母亲死在民国三年（1914年）旧历七月的一个夜里。

母亲病了20多天。她在病中是十分痛苦的。一直到最后一天，她还很清醒，但是人已经不能够动了。

我和三哥就住在隔壁的房间里。每次我们到病床前看她，她总要流眼泪。

在我们兄弟姊妹中间，母亲最爱我，然而我也不能够安慰她，减轻她的痛苦。

母亲十分关心她的儿女。她临死前五天还叫大哥到一位姨母处去借了一对金手镯来。她嫌样子不好看，过了两天她又叫大哥拿去还了，另外在二伯母那里去借了一对来。这是为大哥将来订婚用的。她在那样痛苦的病中还想到这些事情。

我和三哥都没有看见母亲死。那个晚上因为母亲的病加重，父亲很早就叫老妈子照料我们睡了。等到第二天早晨我们醒来时，棺材已经进门了。

我含着眼泪，心里想着我是母亲最爱的孩子。

棺材放在签押房里。闭殓的时候，两个人手里拿着红绫的两头预备放下去。许多人围着棺材哭喊。我呆呆地望着母亲的没有血色的脸。我恨不能把以后几十年的眼光都用来在这个时候饱看她。

红绫终于放下去了。它掩盖了母亲的遗体。漆匠再用木钉把它钉牢。几个人就抬着棺盖压上去。

二姐和三姐不肯走开，她们伤心地哭着，把头在棺材上面撞。

晚上睡觉的时候，我还听见签押房里两个姐姐的哀哀的哭声。我不能够闭上眼睛。我的眼泪也淌了出来。我怜悯我的两个姐姐。我也怜悯我自己。

早晨我也会被她们的哭声惊醒。我就躺在床上，含着眼泪祷告母亲保佑我的两个姐姐。

白天我常常望着签押房里灵帷前母亲的放大照像。我心里想着这时候母亲在什么地方。

家祭的一夜，我们三弟兄匍匐地跪在灵前蒲团上，听着张二表哥诵读父亲替我们做好的一篇祭文。

……吾母竟弃不孝等而长逝矣……不孝等今竟为无母之人矣……

诵读的声音很可笑。我不过是一个十岁的孩子，我细嚼着这两句话的滋味，我的眼泪滴在蒲团上了。

第二天灵柩就抬了出去，先寄殡在城外一座古庙里，后来安葬在磨盘山。父亲在一个坟墓里做好了两个穴。左边的一个是留给他自己用的。三年后他果然睡在那个穴里面了。

灵柩抬出去以后，家里的一切恢复了原状。母亲房里的陈设跟母亲在时并没有两样，只多了一张母亲的放大半身照像。

常常我走进父亲的房间，看不见母亲，还以为她在后房里，便温和地叫了一声“妈”。但是我马上就想起母亲已经是另一个世界里的人了。

我成了一个没有母亲的孩子。跟有母亲的堂兄弟们比起来，我深深地感到了没有母亲的孩子的悲哀。

也许是为了填补这个缺陷罢，父亲后来就为我们接了一个更年轻的母亲来。

这位新母亲待我们也很好。但是她并不能够医好我心上的那个伤痕。她不能够像死去的母亲那样地爱我，我也不能够像爱亡母那样地爱她。

这不是她的错，也不是我的错，因为在这之前我们原是两个彼此不了解的陌生的人。

母亲死后四个多月的光景二姐也死了。

二姐患的是所谓“女儿痨”的病。我们回到成都不久她就病了。有一次她几乎死掉，后来有人介绍四圣祠医院的一个英国女医生来治好了她。

因此母亲叫人买了刀叉做了西餐，请了四圣祠医院的几个“洋太太”到我们家里来吃饭。这是我们第一次跟西洋人接触，她们都会说中国话。我觉得她们也很和气。

母亲同那几个英国女医生做了朋友。她带着我到她们的医院里去玩过几次，也去看过病。她们送了我们一些西洋点心和好几本书。我很喜欢那本皮面精装的

《新旧约全书》官话译本。不过那时候我并没有想到去读它。母亲死后，我们就没有跟那几个英国女医生来往了。

母亲一死，二姐就没有过一天好日子。大概是过分的悲痛毁坏了她的身体。

她一天天地瘦弱起来，脸上没有一点血色，面孔也是一天比一天地憔悴。她常常提起母亲就哭，我很少看见她笑过。

“妈，你看二姐多可怜，你要好好地保佑二姐啊！”我常常在暗中祷告。

但是二姐的病依旧没有起色。父亲请了许多名医来给她诊断，都没有用。

冬天一到，二姐便睡倒了。谁看见她，都会叹息地说：她瘦得真可怜。

旧历十一月二十八日是祖父的生日，从那一天起，我们家里接连唱了三天戏。戏台在大厅上，天井里坐了十几桌客。全家的人带着笑容跑来跑去。

二姐一个人病在房里，听见这些闹声，她一定很难受。晚上客人散去了大半，父亲便叫人把二姐扶了出来，远远地坐在阶上看戏。

二姐坐在一把藤椅上，不能动，用失神的眼光茫然地望着戏台。我不知道她眼里看见的是什么景象。

脸瘦成了一张尖脸，嘴唇也枯了。我的心为爱、为怜悯而痛苦了。

“我要进去，”二姐把头略略一偏，做出不能忍耐的样子低声说。老妈子便把她扶了进去。

三天以后二姐就永远闭了她的眼睛。她也死在天明以前。那时候我在梦里，不能够看见她的最后一刻是怎样过去的。

我那天早晨做了一个奇怪的梦。我到了一个坟场。地方很宽，长满了草。中间有一座陌生人的坟。坟后长了几株参天的柏树。仿佛是在春天的早晨。阳光在树梢闪耀，坟前不少的野花正开出红的、黄的、蓝的、白的花朵。两三只蝴蝶在花间飞舞。树枝上还有些山鸟在唱歌。

我站在坟前看墓碑上刻的字，一阵微风把花香送进我的鼻子里。忽然坟后面响起了哭声。

我惊醒了。心跳得很厉害。我在床上躺了片刻。哭声依旧在我的耳边荡漾。我分辨出来这是三姐的哭声。

我感到了恐怖。我没有疑惑：二姐死了。

父亲忙着料理二姐的后事。过了一会儿，姨外婆坐了轿子来数数落落地哭了一场。

回到成都以后我还是一个小孩。能够同我在一块儿玩的，就只有三哥和几个年纪差不多的堂、表弟兄，此外还有几个仆人。在广元陪我们玩的香儿已经死了。

大哥已经成人。他喜欢和姐姐、堂姐、表姐们一块儿玩。

在我们这个大家庭里，我们这一辈的男男女女很多。我除了两个胞姐和三个堂姐外还有好几个表姐。她们和大哥的感情都很好。她们常常到我们家里来玩，这时候大哥就忙起来。姐姐、堂姐、表姐聚在一块儿，她们给大哥起了一个“无事忙”的绰号。

游戏的种类是很多的。大哥自然是中心人物。踢毽子，拍皮球，掷大观园图，行酒令。酒令有好几种，大哥房里就藏得有几副酒筹。

常常在傍晚，大哥和她们凑了一点钱，买了几样下酒的冷菜，还叫厨子做几样热菜。于是大家围着一张圆桌坐下来，一面行令，一面喝酒，或者谈一些有趣味的事情，或者评论《红楼梦》里面的人物。那时候在我们家里除了我们这几个小孩外，没有一个人不曾读过《红楼梦》。父亲在广元买了一部十六本头的木刻本，母亲有一部石印小本。大哥后来又买了一部商务印书馆出版的铅印本。我常常听见人谈论《红楼梦》，当时虽然不曾读它，就已经熟悉了书中的人物和事情。

后来有两个表姐离开了成都，二姐又跟着母亲死了。大哥和姐姐们的聚会当然没有以前那样的热闹，但是也还有新的参加者，譬如两个表哥和一个年轻的叔父（六叔）便是。我和三哥也参加过两三次。

不过我的趣味是多方面的。我跟着三哥他们组织了新剧团，又跟着六叔他们组织了侦探队。我还常常躲在马房里躺在轿夫的破床上烟灯旁边听他们讲青年时代的故事。

有一个时期我和三哥每晚上都要叫姜福陪着到可园去看戏。可园演的有川戏，也有京戏。我们一连看了两三个月。父亲是那个戏园的股东，有一厚本免费的戏票。而且座位是在固定的包厢里面，用不着临时去换票。我们爱看武戏，回来在家里也学着翻斤斗，翻杠杆。

父亲喜欢京戏。当时成都戏园加演京戏聘请京班名角，这种事情大半由他主持。由上海到成都来的京班角色，在登台之前常常先到我们家来吃饭。自然是父亲请客。他们有时也在我们的客厅里清唱。

有一次父亲请新到的八九个京班名角在客厅里吃饭。饭后大家正在花园里玩，那个唱老旦的宝幼亭（我们先听过了他的唱片）忽然神经错乱，跪在地上赌咒般地说了好些话。众人拉他，他不肯走，把父亲急得没有办法。我们在旁边觉得好笑。我和这些戏子都很熟，有时我还跟着父亲到后台去看他们化装。

一个唱青衣的小孩名叫张文芳，年纪不过十四五岁，当时在成都也受人欢迎。他的哥哥本来也唱青衣，如今嗓子坏了不再登台了，就管教弟弟，靠着弟弟过活。他也到我们家里来过一次。他完全是个小孩，并没有一点女人气。然而在戏里他却改换面目做了种种的薄命的女人。我看惯了他演的那些悲剧，一点也不喜欢。但是有一次离新年不远，我跟着父亲到了他们住的地方（大概就是在戏园里面），看见他穿着一身短打，手里拿了一把木头的关刀寂寞地舞着，我不觉望着他笑了。我和他玩了好一会儿，问答了一些事情，直到父亲来带我回家的时候。我想，他的生活一定是很寂寞的罢。

然而说句公平的话，父亲对待戏子的态度很客气，他把他们当作朋友，所以能够得到他们的信任。他并没有玩过小旦。

三叔却不同，他喜欢一个川班的小旦李凤卿。祖父也喜欢李凤卿。有一次祖父带我去看戏。李凤卿包了头穿着粉红衫子在台上出现以后，祖父带笑地问我认不认识这个人。

李凤卿时常来找三叔。他也常常同我们谈话。他是一个非常亲切的人，会写一手娟秀的字。他虽然穿着男人的衣服，但是举动和说话都像女人，有时候手上、脸上还留着脂粉。

有一次三叔把李凤卿带到我们客厅里来化装照相。我看见他在那里包头，擦粉，踩跷。他先装扮成一个执长矛的古代的女将，后来就改扮做一个旗装贵妇。这两张照片后来都挂在三叔的房里，三叔还亲笔题了诗在上面。

李凤卿的境遇很悲惨。后来在祖父死后不多久他也病死了，剩下一个妻子，连埋葬费也没有。还是三叔出钱把他安葬了的。

三叔做了一副挽联吊他，里面有“……也当忍死须臾，待侬一诀”的话。

二叔也做过一副挽联，我还记得上下联的后半句是：“……哪堪一曲广陵，竟成绝响。……惆怅落花时节，何处重逢。”

后来二叔偶尔和教书先生谈起这件事情，那个六十岁的曹先生不觉惊讶地问道：

“××先生竟然也好此道？他不愧是一位风雅士！”

这“××先生”是指三叔。三叔在南充做知县的时候，曹先生是那个县的教官。曹先生到我们家来教书还是三叔介绍的。李凤卿当时在南充唱戏，三叔在那里认识了他。

听见“风雅士”三个字，就跟平日听见曹先生说的“大清三百年来深仁厚泽浃沦肌髓”的话一样，我觉得非常肉麻。

二叔对曹先生谈起李凤卿的生平。他本是一个小康人家的子弟。十三四岁时给仇人抢了去，因为他家里不肯出钱赎取，他就被人坏了身子，卖到戏班里去做了旦角。

五叔后来也玩过川班的旦角。他还替他们编过剧本。

我们组织过一个新剧团，在桂堂后面竹林里演新剧。竹林前面有一块空地，就做了我们的舞台。我们用复写纸印了许多张戏票送人，拉别人来看我们的表演。

我们的剧本是自己胡乱编的，里面没有一个女角。主要演员是六叔、二哥（二叔的儿子）、三哥和香表哥；我和五弟（也是二叔的儿子）两个只做配角，或者在戏演完以后做点翻杠杆的表演。看客多半是女的，就是姐姐、堂姐、表姐们。我们用种种方法强迫她们来看，而且一定要戏演完才许她们走。

父亲也被我们拉来了。他居然坐在那里看完我们演的戏。他又给我们编了一个叫做《知事现形记》的剧本。二哥和三哥扮着戏里面两个主角表演得有声有色的时候，父亲也哈哈地笑起来。

在公馆里我有两个环境，我一部分时间跟所谓“上人”在一起生活，另一部分时间又跟所谓“下人”在一起生活。

我常常爱管闲事，我常常在门房、马房、厨房里面和仆人、马夫们一起玩，常常向他们问这问那，因此他们都叫我做“稽查”。

有时候轿夫们在马房里煮饭，我就替他们烧火，把一些柴和枯叶送进那个柴灶里去。他们打纸牌时，我也在旁边看，常常给那个每赌必输的老唐帮忙。有时候他们也诚恳地对我倾吐他们的痛苦，或者坦白地批评主人们的好坏。他们对我什么事都不隐瞒。他们把我当作一个同情他们的小朋友。我需要他们帮忙的时候，他们也毫不吝惜。

我生活在仆人、轿夫的中间。我看见他们怎样怀着原始的正义的信仰过那种受苦的生活，我知道他们的欢乐和痛苦，我看见他们怎样跟贫苦挣扎而屈服、而死亡。60岁的老书僮赵升病死在门房里。抽大烟的仆人周贵偷了祖父的字画被赶出去，后来做了乞丐，死在街头。一个老轿夫离开我们家，到斜对面一个亲戚的公馆里当看门人，不知道怎样竟然用一根裤带吊死在大门里面。这一类的悲剧以及那些活着的“下人”的沉重的生活负担，如果我一一叙述出来，一定会使最温和的人也无法制止他的愤怒。

我在污秽寒冷的马房里听那些老轿夫在烟灯旁叙述他们痛苦的经历，或者在门房里黯淡的灯光下听到仆人发出绝望的叹息的时候，我眼里含着泪珠，心里起了火一般的反抗的思想。我宣誓要做一个站在他们这一边、帮助他们的人。

我同他们的友谊一直继续到我离开成都的时候。不过我进了外国语专门学校以后，就很少有时间在门房和马房里面玩了。接着我又参加了社会运动。

我早就不到厨房里去了，因为我不高兴看谢厨子和老妈子调情（他后来就同祖父的一个老妈子结了婚，那个女人原是一个寡妇），而且谢厨子仗着祖父喜欢他，常常欺凌别人，也使我不满意他，虽然我从前常常到厨房去看他烧菜做点心。

我愈是多和“下人”在一起，愈是讨厌“上人”中间那些虚伪的礼节和应酬。有两次在除夕全家的人在堂屋里敬神，我却躲在马房里轿夫的破床上。那里没有人，没有灯，外面有许多人叫我，我也不应。我默默地听着爆竹声响了又止了，再过一会儿我才跑出来回到自己的房间去。

家里平日敬神的时候，我也会设法躲开。我为了这些事情常常被人嘲笑，但是我始终照自己的意思做。

六叔、二哥、香表哥三个人合作办了一种小说杂志，名称就叫《十日》，一个月出三本，每本用复写纸抄了五六份。

我是杂志的第一个订户。大哥把他那篇最得意的哀情小说在《十日》杂志第一期上面发表了，所以他们也送他一份。还有一个奉表哥也投了一篇得意的稿子。

在我们家里大哥是第一个写小说的人。他的小说是以“暮春三月，江南草长，杂花生树，群莺乱飞”的旧句开始的。奉表哥的小说是以“杏花深处，一角红楼”的句子开始的。接着就是“斗室中有一女郎在焉。女郎者何，×其姓，××其名”，诸如此类的公式文章。把“女郎”两个字改作“少年”就成了另一篇小说。小说的结局离不掉情死，后面还有一封情人的绝命书。

我对于《十日》杂志上千篇一律的才子佳人的哀情小说感不到兴趣。而且我亲眼看见他们写小说时分明摊开了好几本书在抄袭。这些书有尺牍，有文选，有笔记，有上海新出的流行小说和杂志。小说里每段描写景物的四六句子，照例是从尺牍或者文选上面抄来的。他们写小说并不费力。不过对于那三个创办杂志的人的抄录、装订、绘图的种种苦心我却非常佩服。

《十日》杂志出版了三个月，我只花了九个铜元的订费，就得到厚厚的九本书。

民国六年春天成都发生了第一次巷战。在这七天川军同滇军的巷战中，我看见了不少可怕的流血的景象。

在这时候二叔的两个儿子，二哥和五弟突然患白喉症死了。我在几天的功夫就失掉了两个同伴。

他们本来可以不死，但是因为街上断绝了行人，请不到医生来治病，只得让他们躺在家里，看着病一天天地加重。等到后来两个轿夫背着他们跨过战壕，冒着枪林弹雨赶到医院时，他们已是奄奄一息了。

战事刚刚停止，我和三哥也患了喉症。我们的病还没有好，父亲就病死了。

父亲很喜欢我。他平时常常带着我一个人到外面去玩。在他的病中他听说我的病好多了，想看我，便叫人来陪我到他的房里去。

我走到床前，跪在踏脚凳上，望着他的憔悴的脸，叫了一声“爹”。

“你好了？”他伸出手抚摩我的头。“你要乖乖的。不要老是拼命叫‘罗嫂！罗嫂’，你要常常来看我啊！”罗嫂是在我们病中照料我们的那个老妈子。

父亲微微笑了。

“好，你回去休息罢。”过了半晌父亲这样吩咐了一句。

第三天父亲就去世了。他第一次昏过去的时候，我们围在床前哭唤他。他居然醒了转来。我们以为他不会死了。

但是不到一刻钟光景，他又开始在床上抽气了。我们看着他一秒钟一秒钟地死下去。

于是我的环境马上改变了。好像发生了惊天动地的剧变。

满屋子都是哭声。

晚上我和三哥坐在房间里，望着黯淡的清油灯光落泪。大哥忽然走进来，在床沿上坐下去，哭着说："三弟，四弟，我们……如今……没有……父亲……了……"

我们弟兄三个痛哭起来。

自从父亲接了继母进来以后，我们就搬到左边厢房里住。后来祖父吩咐把我们紧隔壁的那间停过母亲灵柩的签押房装修好，做了大哥结婚时的新房。大哥和嫂嫂就住在我们的隔壁。

这时候嫂嫂在隔壁听见了我们的哭声，便走过来劝慰大哥。他们夫妇埋着头慢慢地出去了。

父亲埋葬了以后，我心里更空虚了。我常常踯躅在街头，我总觉得父亲在我的前面，仿佛我还是依依地跟着父亲走路，因为父亲平时不大喜欢坐轿，常常带了我在街上慢步闲走。

但是一走到行人拥挤的街心，跟来往的人争路时，我才明白我是孤零零的一个人。

从此我就失掉了人一生只能够有一个的父亲了。

父亲死后不久，成都又发生了更激烈的巷战。结果黔军被川军赶走了，全城的房屋烧毁了很多。不用说我们受了惊，可是并没有大的损失。

我们自然有饭吃，只是缺少蔬菜和油荤。

在马房里轿夫们喝着烧酒嚼着干锅魁（大饼）来充塞肚里的饥饿，他们买不到米做饭。

枪炮声，火光，流血，杀人，以及种种残酷的景象。而且我们偶尔也挨近了死的边缘。……

巷战不久就停止了。然而军阀割据的局面却一直继续下去，到现在还没有打破。

三哥已经进了中学，但是父亲一死，我进中学的希望便断绝了，祖父从来不赞成送子弟进学校读书，现在又没有人出来替我讲话。

我便开始跟着香表哥念英文。每天晚上他到我们家里来教我，并不要报酬。这样继续了三年。他还帮助我学到一点其它的知识。祖父死后我和三哥进了外国语专门学校，我就没有时间跟着香表哥念书。他后来结了婚，离开了成都，到乐山教书去了。

香表哥（他的本名是濮季云）是一个真挚而又聪明的青年。当时像他那样有学识的年轻人，在我们亲戚中间已经是很难得的了。然而家庭束缚了他，使他至今还在生活的负担下面不断地发出绝望的呻吟，白白地浪费了他的有为的青春。

但是提起他，我却不能不充满了感激。我的智力的最初发展是得到两个人的帮助的，其中的一个就是他。还有一个是大哥，大哥买了不少的新书报，使我能够贪婪地读完了它们。而且我和三哥一块儿离开成都到上海，以及后来我一个人到法国去念书，都少不了他的帮助。虽然为着去法国的事情我跟他起过争执，但是他终于顺从了我的意思。

在我的心里永远藏着对于这两个人的感激。我本来是一个愚蠢的、孤僻的孩子，要是没有他们的帮助，也许我至今还是一个愚蠢的、孤僻的人罢。

父亲的死使我懂得了更多的事情。我的眼睛好像突然睁开了，我更看清楚了我们这个富裕大家庭的面目。

这个富裕的大家庭变成了一个专制的大王国。在和平的、友爱的表面下我看见了仇恨的倾轧和斗争；同时在我的渴望自由发展的青年的精神上，"压迫"像沉重的石块重重地压着。

我的身子给绑得太紧了，不能够动弹。我也不能够甩掉肩上的重压。我把全部的时间用来读书。书本却蚕食了我的健康。

我一天一天地瘦下去。父亲死后的一年中间我每隔十几天就要病倒一次，而且整个冬天一直在吞丸药。

第二年秋天我进了青年会的英文补习学校。祖父知道了这件事情，也不干涉，因为他听说学会英文可以考进邮局工作，他又知道邮局的薪水相当高，薪水是现金，而且逐年增加，位置又稳固，不会因政变或其它的人事变动而失业。我的一位舅父当时是邮局的一个高级职员，亲友们都羡慕他的这个"好位置"。

我在青年会上了一个月的课就生了三次病。祖父知道了便要我在家里静养。不过他同意请香表哥到我们家里来正式教我念英文，还吩咐按月送束修给香表哥。其实所谓束修的数目也很小，不是一元，便是两元。

自从父亲死后，祖父对我的态度也渐渐地改变。他开始关心我而且很爱我。后来他听见人说牛奶很"养人"，便出钱给我订了一份牛奶。他还时常把我叫到他的房里去，对我亲切地谈一些做人处世的话。甚至在他临死前发狂的一个月中间他也常常叫人把我找去。我站在他的床前，望着他。他的又黑又瘦的老脸上露出微笑，眼里却淌了泪水。

以前在我们祖孙两个中间并没有感情。我不曾爱过祖父，我只是害怕他；而且有时候我还把他当作专制、压迫的代表，我的确憎恨过他。

但是在他最后的半年里不知道怎样，他的态度完全改变了，我对他也开始发生了感情。

然而时间是这么短！在这一年的最后一天（旧历），我就失掉了他。

新年中别的家庭里充满了喜悦，爆竹声挨门挨户地响起来。然而在众人的欢乐中，我们一家人却匍匐在灵前哀哀地哭着死去的祖父。

这悲哀一半是虚假的，因为在祖父死后一个多星期的光景，叔父们就在他的房间里开会处分了他的东西，而且后来他们还在他的灵前发生过争吵。

可惜祖父没有知觉了，不然他对于所谓“五世同堂”的好梦也会感到幻灭罢。我想他的病中的发狂决不是没有原因的。

祖父是一个能干的人。他在曾祖死后，做了多年的官，后来“告归林下”。他买了不少的田产，修了漂亮的公馆，收藏了好些古玩字画。他结过两次婚，讨了两个姨太太，生了五儿一女，还见到了重孙（大哥的儿子）。结果他把儿子们造成了彼此不相容的仇敌，在家庭里种下了长期争斗的根源，他自己依旧免不掉发狂地死在孤独里。并没有人真正爱他，也没有人真正了解他。

祖父一死，家庭就变得更黑暗了。新的专制压迫的代表起来代替了祖父，继续拿旧礼教把“表面是弟兄，暗中是仇敌”的几房人团结在一起，企图在20世纪中维持封建时代的生活方式。结果产生了更多的争斗和倾轧，造成了更多的悲剧，而裂痕依旧是一天一天地增加，一直到最后完全崩溃的一天。

祖父像一个旧家庭制度的最后的卫道者那样地消失了。对于他的死我并没有遗憾。虽然我在哀悼失掉了一个爱我的人，但是同时我也庆幸我获得了自由。从这天起在我们家里再没有一个人可以支配我的行动了。

祖父死后不到半年，在1920年暑假我和三哥就考进了外国语专门学校，从补习班读到预科、本科，在那里接连念了两年半的书。在学校里因为我没法交出中学毕业文凭，后来改成了旁听生，被剥夺了获得毕业文凭的权利。这件事情竟然帮助我打动了继母和大哥的心，使他们同意我抛弃了学业同三哥一路到上海去。

民国十二年（1923年）春天在枪林弹雨中保全了性命以后，我和三哥两个就离开了成都的家。大哥把我们送到木船上，他流着眼泪离开了我们。那时候我的悲哀是很大的。但是一想到近几年来我的家庭生活，我对于旧家庭并没有留恋。

我离开旧家庭不过像甩掉一个可怕的阴影。但是还有几个我所爱的人在那里呻吟，憔悴地等待宰割，我因此不能不感到痛苦。在过去的十几年中间我已经用眼泪埋葬了不少的尸体，那些都是不必要的牺牲者，完全是被陈旧的礼教和两三个人一时的任性杀死的。

一个理想在前面向我招手，我的眼前是一片光明。我怀着大的勇气离开了我住过17年的成都。

那时候我已经受了新文化运动的洗礼，而且参加了社会运动，创办了新的刊物，并且在刊物上写了下面的两个短句作为我的生活的目标了：

> 奋斗就是生活，
> 人生只有前进。

2. 我的幼年[1]

巴 金

窗外落着大雨，屋檐上的水槽早坏了，这些时候都不曾修理过，雨水就沿着窗户从缝隙浸入屋里，又从窗台流到了地板上。

我的书桌的一端正靠在窗台下面，一部分的雨水就滴在书桌上，把堆在那一角的书、信和稿件全打湿了。

我已经躺在床上，听见滴水的声音才慌忙地爬起来，扭燃电灯。啊，地板上积了那么一大摊水！我一个人吃力地把书桌移开，使它离窗台远一些。我又搬开了那些水湿的书籍，这时候我无意间发见了你的信。

你那整齐的字迹和信封上的香港邮票吸引了我的眼光，我拿起信封抽出那四张西式信笺。我才记起四个月以前我在怎样的心情下面收到你的来信。我那时没有写什么话，就把你的信放在书堆里，以后也就忘记了它。直到今天，在这样的一个雨夜，你的信又突然在我的眼前出现了。朋友，你想，这时候我还能够把它放在一边，自己安静地躺回到床上闭着眼睛睡觉吗？

为了这书，我曾在黑暗中走了九英里的路，而且还经过三个冷僻荒凉的墓场。那是在去年九月二十三夜，我去香港，无意中见到这书，便把袋中仅有的钱拿来买了。这钱我原本打算留来坐bus回鸭巴甸的。

1 巴金：《巴金全集》（第十三卷），人民文学出版社，1990。本篇最初发表于1936年9月6日的《中流》第一卷第一期。

在你的信里我读到这样的话。它们在四个月以前曾经感动了我。就在今天我第二次读到它们，我还仿佛跟着你在黑暗中走路，走过那些荒凉的墓场。你得把我看做你的一个同伴，因为我是一个和你一样的人，而且我也有过和这类似的经验。这样的经验我确实有的太多了。从你的话里我看到了一个时期的我的面影。年光在我的面前倒流过去，你的话使我又落在一些回忆里面了。

你说，你希望能够更深切地了解我。你奇怪是什么东西把我养育大的？朋友，这并不是什么可惊奇的事，因为我一生过的是“极平凡的生活”。我说过，我生在一个古老的家庭里，有将近二十个的长辈，有三十个以上的兄弟姊妹，有四五十个男女仆人，但这样简单的话是不够的。我说过我从小就爱和仆人在一起，我是在仆人中间长大的。但这样简单的话也还是不够的。我写出了一部分的回忆，但我同时也埋葬了另一部分的回忆。我应该写出的还有许多、许多的事情。

是什么东西把我养育大的？我常常拿这个问题问我自己。当我这样问的时候，最先在我的脑子里浮动的就是一个“爱”字。父母的爱，骨肉的爱，人间的爱，家庭生活的温暖，我的确是一个被人爱着的孩子。在那时候一所公馆便是我的世界，我的天堂。我爱一切的生物，我讨好所有的人。我愿意揩干每张脸上的眼泪，我希望看见幸福的微笑挂在每个人的嘴边。

然而死在我的面前走过了。我的母亲闭着眼睛让人把她封在棺材里。从此我的生活里缺少了一样东西。父亲的房间突然变得空阔了。我常常在几间屋子里跑进跑出，唤着“妈”这个亲爱的字。我的声音白白地被寂寞吞食了，墙壁上母亲的照片也不看我一眼。死第一次在我的心上投下了阴影。我开始似懂非懂地了解恐怖和悲痛的意义了。

我渐渐地变成了一个爱思想的孩子。但是孩子的心究竟容易忘记，我不会整天垂泪。我依旧带笑带吵地过日子。孩子的心就像一只羽毛刚刚长成的小鸟，它要飞，飞，只想飞往广阔的天空去。

幼稚的眼睛常常看不清楚。小鸟怀着热烈的希望展翅向天空飞去，但是一下子就碰着铁丝网落了下来。这时我才知道，自己并不是在自由的天空下面，却被人关在一个铁丝笼里。家庭如今换上了一个面目，它就是阻碍我飞翔的囚笼。

然而孩子的心是不怕碰壁的。它不知道绝望，它不知道困难，一次做失败的事情，还要接二连三地重做。铁丝的坚硬并不能够毁灭小鸟的雄心。经过几次的碰壁以后，连安静的孩子也知道反抗了。

同时在狭小的马房里，我躺在那些病弱的轿夫的烟灯旁边，听他们叙述悲痛的经历；或者在寒冷的门房里，傍着黯淡的清油灯光，听衰老的仆人绝望地倾诉他们的胸怀。那些没有希望只是忍受苦刑般地生活着的人的故事，在我的心上投下了第二个阴影。而且我的眼睛还看得见周围的一切。一个抽大烟的仆人周贵偷了祖父的字画被赶出去做了乞丐，每逢过年过节，偷偷地跑来，躲在公馆门前石狮子旁边，等着机会央求一个从前的同事向旧主人讨一点赏钱，后来终于冻馁地死在街头。老仆人袁成在外面烟馆里被警察接连捉去两次，关了几天才放出来。另一个老仆人病死在门房里。我看见他的瘦得像一捆柴的身子躺在大门外石板上，盖着一张破席。一个老轿夫出去在斜对面一个亲戚的家里做看门人，因为别人硬说他偷东西，便在一个冬天的晚上用了一根裤带吊死在大门内。当这一切在我的眼前发生的时候，我含着眼泪，心里起了火一般的反抗的思想。我说我不要做一个少爷，我要做一个站在他们一边，帮助他们的人。

反抗的思想鼓舞着这只不知天高地厚的小鸟用力往上面飞，要冲破那个铁丝网。但铁丝网并不是软弱的翅膀所能够冲破的。碰壁的次数更多了。这其间我失掉了第二个爱我的人——父亲。

我悲痛我的不能补偿的损失。但是我的生活使我没有时间专为个人的损失悲哀了，因为这个富裕的大家庭在我的眼前变成了一个专制的王国。仇恨的倾轧和争斗掀开平静的表面爆发了。势力代替了公道。许多可爱的年轻的生命在虚伪的礼教的囚牢里挣扎、受苦、憔悴、呻吟以至于死亡。然而我站在旁边不能够帮助他们。同时在我的渴望发展的青年的灵魂上，陈旧的观念和长辈的威权像磐石一样沉重地压下来。“憎恨”的苗于是在我的心上发芽生叶了。接着“爱”来的就是这个“恨”字。

年轻的灵魂是不能相信上天和命运的。我开始觉得现在社会制度的不合理了。我常常狂妄地想：我们是不是能够改造它，把一切事情安排得更好一点。但是别人并不了解我。我只有在书本上去找寻朋友。

在这种环境中我的大哥渐渐地现出了疯狂的倾向。我的房间离大厅很近，在静夜，大厅里的任何微弱的声音我也可以听见。大厅里放着五六乘轿子，其中有一乘是大哥的。这些时候大哥常常一个人深夜跑到大厅上，坐到他的轿子里面去，用什么东西打碎轿帘上的玻璃。我因为读书睡得很晚，这类声音我不会错过。我一听见玻璃破碎声，我的心就因为痛苦和愤怒痛起来了。我不能够再把心关在书上，我绝望地拿起笔在纸上涂写一些愤怒的字眼，或者捏紧拳头在桌上捶。

后来我得到了一本小册子，就是克鲁泡特金的《告少年》（这是节译本）。我想不到世界上还有这样的书！这里面全是我想说而没法说得清楚的话。它们是多么明显，多么合理，多么雄辩。而且那种带煽动性的笔调简直要把一个十五岁的孩子的心烧成灰了。我把这本小册子放在床头，每夜都拿出来，读了流泪，流过泪又笑。那本书后面附印着一些警句，里面有这样的一句话："天下第一乐事，无过于雪夜闭门读禁书。"我觉得这是千真万确的。从这时起，我才开始明白什么是正义。这正义把我的爱和恨调和起来。

但是不久，我就不能以"闭门读禁书"为满足了。我需要活动来发散我的热情；需要事实来证实我的理想。我想做点事情，可是我又不知道应该怎样地开头去做。没有人引导我。我反复地翻阅那本小册子，译者的名字是真民，书上又没有出版者的地址。不过给我这本小册子的人告诉我可以写信到上海新青年社去打听。我把新青年社的地址抄了下来，晚上我郑重地摊开信纸，怀着一颗战栗的心和求助的心情，给《新青年》的编者写信。这是我一生写的第一封信，我把我的全心灵都放在这里面，我像一个谦卑的孩子，我恳求他给我指一条路，我等着他来吩咐我怎样献出我个人的一切。

信发出了。我每天不能忍耐地等待着，我等着机会来牺牲自己，来消耗我的活力。但是回信始终没有来。我并不抱怨别人，我想或者是我还不配做这种事情。然而我的心并不曾死掉，我看见上海报纸上载有赠送《夜未央》的广告，便寄了邮票去。在我的记忆还不曾淡去时，书来了，是一个剧本。我形容不出这本书给我的激动。它给我打开了一个新的眼界。我第一次在另一个国家的青年为人民争自由谋幸福的斗争里找到了我的梦景中的英雄，找到了我的终身的事业。

大概在两月以后，我读到一份本地出版的《半月》，在那上面我看见一篇《适社的旨趣和组织大纲》，这是转载的文章。那意见和那组织正是我朝夕所梦想的。我读完了它，我的心跳得很厉害。我无论如何不能够安静下去。两种冲突的思想在我的脑子里争斗了一些时候。到夜深，我听见大哥的脚步声在大厅上响了，我不能自主地取出信纸摊在桌上，一面听着玻璃打碎的声音，一面写着愿意加入"适社"的信给那个《半月》的编辑，要求他作我的介绍人。

这信是第二天发出的，第三天回信就来了。一个姓章的编辑亲自送了回信来，他约我在一个指定的时间到他的家里去谈话。我毫不迟疑地去了。在那里我会见了三四个青年，他们谈话的态度和我家里的人完全不同。他们充满了热情、信仰和牺牲的决心。我把我的胸怀，我的痛苦，我的渴望完全吐露给他们。作为回答，他们给我友情，给我信任，给我勇气。他们把我当作一个知己朋友。从他们的谈话里我知道“适社”是重庆的团体，但是他们也想在这里成立一个类似的组织。他们答应将来让我加入他们的组织，和他们一起工作。我告辞的时候，他们送给我几本“适社”出版的宣传册子，并且写了信介绍我给那边的负责人通信。

事情在今天也许不会是这么简单，这个时候人对人也许不会这么轻易地相信，然而在当时一切都是非常自然。这个小小的客厅简直成了我的天堂。在那里的两小时的谈话照彻了我的灵魂。我好像一只被风暴打破的船找到了停泊的港口。我的心情昂扬，我带着幸福的微笑回到家里。就在这天的夜里，我怀着佛教徒朝山进香时的虔诚，给“适社”的负责人写了信。

我的生活方式渐渐地改变了，我和那几个青年结了亲密的友谊。我做了那个半月刊的同人，后来也做了编辑。此外我们还组织了一个团体：均社。我自称为“安那其主义者”，就是从那时候开始的。团体成立以后就来了工作。办刊物、通讯、散传单、印书，都是我们所能够做的事情。我们有时候也开秘密会议，时间是夜里，地点总是在僻静的街道，参加会议的人并不多，但大家都是怀着严肃而紧张的心情赴会的。每次我一个人或者和一个朋友故意东弯西拐，在黑暗中走了许多路，听厌了单调的狗叫和树叶飘动声，以后走到作为会议地点的朋友的家，看见那些紧张的亲切的面孔，我们相对微微地一笑，那时候我的心真要从口腔里跳了出来。我感动得几乎不觉到自己的存在了。友情和信仰在这个阴暗的房间里开放了花朵。

但这样的会议是不常举行的，一个月也不过召集两三次，会议之后是工作。我们先后办了几种刊物，印了几本小册子。我们抄写了许多地址，亲手把刊物或小册子一一地包卷起来，然后几个人捧着它们到邮局去寄发。五一节来到的时候，我们印了一种传单，派定几个人到各处去散发。那一天天气很好，我挟了一大卷传单，在离我们公馆很远的一带街巷里走来走去，直到把它们散发光了，又在街上闲步一回，知道自己没有被人跟着，才放心地到约定集合的地方去。每个人愉快地叙述各自的经验。这一天我们就像在过节。又有一次我们为了一件事情印了传单攻击当时统治省城的某军阀。这传单应该贴在几条大街的墙壁上。我分得一大卷传单回到家里。晚上我悄悄地叫一个小听差跟我一起到十字街口去。他拿着一碗浆糊。我挟了一卷传单，我们看见墙上有空白的地方就把传单贴上去。没有人干涉我们。有几次我们贴完传单走开了，回头看时，一两个黑影子站在那里读我们刚才贴上去的东西。我相信在夜里他们要一字一字地读完它，并不是容易的事情。

《半月》是一种公开的刊物，社员比较多而复杂。但主持的仍是我们几个人。白天我们中间有的人要上学，有的人要做事，夜晚我们才有空聚在一起。每天晚上我总要走过几条黑暗的街巷到“半月社”去，那是在一个商场的楼上。我们四五个人到了那里就忙着卸下铺板，打扫房间，回答一些读者的信件，办理种种的杂事，等候那些来借阅书报的人，因为我们预备了一批新书报免费借给读者。我们期待着忙碌的生活，宁愿忙得透不过气来。共同的牺牲的渴望把我们大家如此坚牢地系在一起。那时候我们只等着一个机会来交出我们个人的一切，而且相信在这样的牺牲之后，理想的新世界就会跟着明天的太阳一同升起来。这样的幻梦固然带着孩子气，但这是多么美丽的幻梦啊！

我就是这样地开始了我的社会生活的。从那时起，我就把我的幼年深深地埋葬了。……

窗外刮起大风，关着的窗门突然大开了。雨点跟着飘了进来。我面前的信笺上也溅了水。写好的信笺被风吹起，散落在四处。我不能够继续写下去了，虽然我还有许多话没有向你吐露。我想，我不久还有机会给你写信，叙述那些未说到的事情。我不知道我上面的话能不能够帮助你更了解我。但是我应该感谢你，因为你的信给我唤起了这许多可宝贵的回忆。那么就让这风把我的祝福带给你吧。现在我也该躺一会儿了。

1936年8月深夜

3. 我的几个先生[1]

巴　金

我接到了你的信函，这的确是意外的，然而它使我更高兴。不过要请你原谅我，我失掉了你的通信地址，没法直接寄信给你，那么就让我在这里回答你几句，我相信你能够看见它们。

那天我站在开明书店的货摊旁边翻看刚出版的《中流》半月刊创刊号，你走过来问我一两件事，你的话很短，但是那急促而颤抖的声音却达到了我的心的深处。我和你谈了几句话，我买了一本《中流》，你也买了一本。我看见你到柜上去付钱，我又看见你匆匆地走出书店，我的眼前还现着你的诚恳的面貌。我后来才想起我忘记问你的姓名，我又因为这件事情而懊恼了。

第二天意外地来了你的信，你一开头就提起《我的幼年》这篇文章，你说了一些令人感动的话。朋友，我将怎样回答你呢？我的话对你能够有什么帮助呢？我的一番话并不能够解除谁的苦闷；我的一封信也不能够给谁带来光明。我不能说："我是世界的光，跟从我的，就不在黑暗里走，必要得着生命的光。"[2]因为我是一个平凡到极点的人。

朋友，相信我，我说的全是真话。我不能够给你指出一条明确的路，叫你马上去交出生命。你当然明白我们生活在什么样的时代，处在什么样的环境；你当然知道我们说一句什么样的话，或者做一件什么样的事，就会有什么样的结果。要交出生命是很容易的事情，但是困难却在如何使这生命像落红一样化着春泥，

1　巴金：《巴金全集》（第十三卷），人民文学出版社，1990。本篇最初发表于1936年9月25日《中流》第一卷第二期。

2　见《新约·约翰福音》第八章第十二节。

还可以培养花树，使来春再开出灿烂的花朵。这一切你一定比我更明白。路是有的，到光明去的路就摆在我们的面前，不过什么时候才能够达到光明，那就是问题了。这一点你一定也很清楚。路你自己也会找到。这些都用不着我来告诉你。但是对于你的来信我觉得我仍然应该写几句回答的话。你谈起我的幼年，你以为你比从前更了解我，你说我说出了你很久就想说而未说出的话，你告诉我你读我的《家》读了一个通夜，你在书里见到你自己的面影——你说了那许多话。你现在完全知道我是在怎样的环境里长成的了。你的环境和我的差不多，所以你容易了解我。

我可以坦白地说，《我的幼年》是一篇真实的东西。然而它不是一篇完整的文章，它不过是一篇长的作品的第一段。我想写的事情太多了，而我的拙劣的笔却只许我写出这么一点点。我是那么仓卒地把它结束了的。现在我应该利用给你写信的机会接着写下去。我要来对你谈谈关于我的先生的话，因为你在来信里隐约地问起"是些什么人把你教育成了这样的"。

在给香港朋友的信里，我说明了"是什么东西把我养育大的"。现在我应该接着来回答"是些什么人把我教育成了这样的"这个问题了。这些人不是在私塾里教我识字读书的教书先生，也不是在学校里授给我新知识的教员。我并没有受到他们的什么影响，所以我很快地忘记了他们。给了我较大影响的还是另外一些人，倘使没有他们，我也许不会成为现在这个样子。

我的第一个先生就是我的母亲。我已经说过使我认识"爱"字的是她。在我幼小的时候，她是我的世界的中心。她很完满地体现了一个"爱"字。她使我知道人间的温暖；她使我知道爱与被爱的幸福。她常常用温和的口气，对我解释种种的事情。她教我爱一切的人，不管他们贫或富；她教我帮助那些在困苦中需要扶持的人；她教我同情那些境遇不好的婢仆，怜恤他们，不要把自己看得比他们高，动辄将他们打骂。母亲自己也处过不少的逆境。在大家庭里做媳妇，这苦处是不难想到的。[1]但是母亲从不曾在我的眼前淌过泪，或者说过什么悲伤的话。她给我看见的永远是温和的、带着微笑的脸。我在一篇短文里说过："我们爱夜

1 《家》进而有一段关于母亲的话，还是从大哥给我的信里摘录下来的："妈又含着眼泪把妈嫁到我们家来做媳妇所受的气一一告诉我。……爹以过班知县的身份进京引见去了。妈在家里日夜焦急地等着……这时爹在北京因验看被驳，陷居京城。消息传来，爷爷时常发气，家里的人也不进揶揄。妈心里非常难过……她每接到爹的信总要流一两天的眼泪。"

晚在花园上面天空中照耀的星群，我们爱春天在桃柳枝上鸣叫的小鸟，我们爱那从树梢洒到草地上面的月光，我们爱那使水面现出明亮珠子的太阳。我们爱一只猫，一只小鸟。我们爱一切的人。”这个爱字就是母亲教给我的。

因为受到了爱，认识了爱，才知道把爱分给别人，才想对自己以外的人做一些事情。把我和这个社会联起来的也正是这个爱字，这是我的全性格的根柢。

因为我有这样的母亲，我才能够得到允许（而且有这种习惯）和仆人、轿夫们一起生活。我的第二个先生就是一个轿夫。

轿夫住在马房里，那里从前养过马，后来就专门住人。有三四间窄小的屋子。没有窗，是用竹篱笆隔成的，有一段缝隙，可以透进一点阳光。每间房里只能放一张床，还留一小块地方做过道。轿夫们白天在外面奔跑，晚上回来在破席上摆了烟盘，把身子缩成一堆，挨着鬼火似的灯光慢慢地烧烟泡。起初在马房里抽大烟的轿夫有好几个，后来渐渐地少了。公馆里的轿夫时常更换。新来的年轻人不抽烟，境遇较好的便到烟馆里去，只有那个年老瘦弱的老周还留在马房里。我喜欢这个人，我常常到马房里去，躺在他的烟灯旁边，听他讲种种的故事。他有一段虽是悲痛的却又是丰富的经历。他知道许多、许多的事情，他也走过不少的地方，接触过不少的人。他的老婆跟一个朋友跑了，他的儿子当兵死在战场上。他孤零零地活着，在这个公馆里他比谁更知道社会，而且受到这个社会不公平的待遇。他活着也只是痛苦地挨日子。但是他并不憎恨社会，他还保持着一个坚定的信仰：忠实地生活。用他自己的话来说：“火要空心，人要忠心。”他这“忠心”并不是指奴隶般地服从主人。他的意思是忠实地依照自己的所信而活下去。他的话和我的母亲的话完全两样。他告诉我的都是些连我母亲也不知道的事情。他并不曾拿“爱”字教我。然而他在对我描绘了这个社会的黑暗面，或者叙说了他自己的悲痛的经历以后，就说教似地劝告我：“要好好地做人，对人要真实，不管别人待你怎样，自己总不要走错脚步。自己不要骗人，不要亏待人，不要占别人的便宜。……”我一面听他这一类的话，一面看他的黑瘦的脸、陷落的眼睛和破衣服裹住的瘦得见骨的身体，我看见他用力从烟斗里挖出烧过两次的烟灰去拌新的烟膏，我心里一阵难受，但是以后禁不住想是什么力量使他到了这样的境地还说出这种话来！

马房里还有一个天井，跨过天井便是轿夫们的饭厅，也就是他们的厨房。那里有两个柴灶。他们做饭的时候，我常常跑去帮忙他们烧火。我坐在灶前一块石头上，不停地把干草或者柴放进灶孔里去。我起初不会烧火，看看要把火弄灭了，老周便把我拉开，他用火钳在灶孔里弄几下，火就熊熊地燃了起来。他放下火钳得意地对我说："你记住，火要空心，人要忠心。"的确，我到今天还记得这样的话。我从这个先生那里略略知道了一点社会情况。他使我知道在家庭以外还有所谓社会，而且他还传给我他那种生活态度。日子一天一天像流星似地过去。我渐渐地长大起来。我的脚终于跨出了家庭的门限。我认识了一些朋友，我也有了新的经历，在这些朋友中间我找到了我的第三个先生。

我在一篇题作《家庭的环境》的回忆里，曾经提到对于我的智力的最初发展有帮助的两个人，那就是我的大哥和一个表哥。我跟表哥学过三年的英文；大哥买了不少的新书报，使我能够贪婪地读它们。但是我现在不把他们列在我的先生里面，因为我在这里说的是那些在生活态度上（不是知识上）给了我很大的影响的人。

在《我的幼年》里，我叙说过我怎样认识那些青年朋友。这位先生就是那些人中间的一个。他是《半月》的一个编辑。我们举行会议时总有他在场；我们每天晚上在商场楼上半月报社办事的时候，他又是最热心的一个。他还是我在外国语专门学校的同学，班次比我高。我刚进去不久，他就中途辍了学。他辍学的原因是要到裁缝店去当学徒。他的家境虽不宽裕，可是还有钱供他读书。但是他认为"不劳动者不得食"，说"劳动是神圣的事"[1]。他为了使他的言行一致，毅然脱离了学生生活，真的跑到一家裁缝店规规矩矩地行了拜师礼，订了当徒弟的契约。每天他坐在裁缝铺里勤苦地学着做衣服，傍晚下工后才到报社来服务。他是一个近视眼，又是初学手艺，所以每晚他到报社来的时候，手指上密密麻麻的满是针眼。他自己倒高兴，毫不在乎地带着笑容向我们叙述他这一天的有趣的经历。我们不由得暗暗地佩服他。他不但这样，同时还实行素食。我们并不赞成他的这种苦行，但是他实行的毅力和刻苦的精神却使我们齐声赞美。

他还做过一件使我们十分感动的事，我曾把它写进了我的小说《家》。事情是这样的：他是《半月》的四个创办人之一，他担负大部分的经费。刊物每期销一千册，收回的钱很少。同时我们又另外筹钱刊印别的小册子，他也得捐一笔钱。这两笔款子都是应当按期缴纳不能拖延的。他家里是姐姐管家，不许他"乱

1　他很喜欢当时一个流行的标语："人的道德为劳动与互助：唯劳动乃能生活；唯互助乃能进化。"

用”钱。他找不到钱就只好拿衣服去押当，或是当棉袍，或是当皮袍。他怕他姐姐知道这件事，他出去时总是把拿去当的衣服穿在身上，走进了当铺以后才脱下来。当了钱就拿去缴月捐。他常常这样办，所以他闹过热天穿棉袍的笑话，也有过冬天穿夹袍的事情。

我这个先生的牺牲精神和言行一致的决心，以及他不顾一切毅然实行自己主张的勇气和毅力，在我的生活里留下了不可磨灭的影响。我第一次在他的身上看见了信仰所开放的花朵。他使我第一次知道一个人的毅力会做出什么样的事情。母亲教给我“爱”；轿夫老周教给我“忠实”（公道）；朋友吴教给我“自己牺牲”。我虽然到现在还不能够做到像他那样地“否定自己”，但是我的行为却始终受着这个影响的支配。

朋友，我把我的三个先生都简略地告诉你了。你现在大概可以明白是些什么人把我教育到现在这个样子的罢。我自己相当高兴，我毕竟告诉了你一些事情，这封信不算是白白地写了。

1936年9月

4. 信仰与活动[1]

巴　金

你的美丽的信和抱朴同志[2]的信上星期到了我的手里。我不能够对你说出我是怎样深地受了你的感动，而且你的话又是怎样地鼓舞了我。我知道我对于一个如此年轻的学生居然会给了很大的影响，我是非常快活的，你才十五岁就读了我的文章，我常常梦想着我的著作会帮助了许多真挚的、热烈的男女青年倾向着安那其主义的理想，这理想在我看来是一切理想中最美丽的一个。

……你说你是从一个富裕的旧家庭里出来的。这没有什么关系。在资产阶级里面也常常产生出活动的革命家。事实上在我们的运动里大部分的领导者都是这样的一类人：他们注意社会问题，并非由于他们自己的困苦境遇，而是因为他们不能够坐视着大众的困苦。而且你生在资产阶级的家庭里，并不是你自己的错，我们并不能够自己选择出生的地方，但是以后的生活就可以由我们自己来处理了。我看出来你是有着每个青年叛逆者所应有的真挚和热情的。我很喜欢。这种性格如今更是不可缺少的，因为只为了一点小的好处许多人就会卖掉他们的灵魂——这样的事情到处都有。连他们对于社会理想的兴味也只是表面上的，只要遇着一点小小的困难，他们就会把它抛掉。因此我知道在你们那里你和

1　巴金：《巴金全集》（第十二卷），人民文学出版社，1989。本篇最初发表于1935年5月10日《水星》第二卷第二期，发表时题为《信仰与活动——回忆录之一》。

2　1925年秦抱朴同志介绍我和高德曼通信，当时她在英国。

别的一些青年真挚地思索着，行动着，而且深切地爱着我们的美丽的理想，我觉得十分高兴……

从爱玛·高德曼写给我的信函里我摘出了上面的两段，在这里借着她的话我第一次明显地说出了我的信仰。她的第一封信我在南京接到。

高德曼曾经被我称作“我的精神上的母亲”，她是第一个使我窥见了安那其主义的美丽的人。

当我在《实社自由录》和《新青年》上面开始读她的论文的时候，我的感动，我的喜悦，我的热情……我真正找不出话来形容。只有后来我读到Roussanoff的《拉甫洛夫传》，才偶然找到了相当的话：

> 我们把这本读得又破又旧的小书[1]放在床头，每晚上拿出来读。一面读，一面拿眼泪来润湿它。一种热诚占有了我们，使我们的灵魂里面充满了一种愿为崇高的理想而生活、而死亡的渴望。我们的幼稚的心何等快乐地跳动着；同时我们的大师的影象又十分伟大地出现于我们的眼前。这位大师虽是我们所不认识的，然而他在精神上却是和我们非常接近，他呼唤我们前去为理想奋斗……

高德曼的文章以她那雄辩的论据，精密的论理，深透的眼光，丰富的学识，简明的文体，带煽动性的笔调，毫不费力地把我这一个15岁的孩子征服了。况且在不久以前我还读过两本很有力量的小书，而我的近几年来的家庭生活又使我猛烈地憎厌了一切的强权，而驱使着我走解放的路。

我所说的两本小书是一个未会面的朋友从上海寄来的《夜未央》和《告少年》。我相信在五四运动以后的几年间，这两本小书不知感动了多少的中国青年。我和几个朋友当时甚至把它们一字一字地抄录下来。《夜未央》是剧本，我们还把它排演过。

当初五四运动发生的时候，报纸上的如火如荼的记载，就在我们的表面上平静的家庭生活里敲起了警钟。大哥的被忘却了的青春也被唤醒了：我们开始贪婪地读着本地报纸上的关于学生运动的北京通讯，以及后来上海的六三运动的记

1　这里是指拉甫洛夫的《历史书简》。

载。本地报纸上后来还转载了《新青年》和《每周评论》的文章，这些文章很使我们的头脑震动，但我们却觉得它们常说着我们想说而又不会说的话。

于是大哥找到了本城唯一出售新书的那家店铺，他在那里买了一本《新青年》和两三份《每周评论》。我们争着读它们。那里面的每个字都像火星一般地点燃了我们的热情。那些新奇的议论和热烈的文句带着一种不可抗拒的力量压倒了我们三个，后来更说服了香表哥，甚至还说服了六姊，她另外订阅了一份《新青年》。

《新青年》、《新潮》、《每周评论》、《星期评论》、《少年中国》、《少年世界》、《北大学生周刊》、《进化杂志》、《实社自由录》等等都接连地到了我们的手里。在成都也响应般地出版了《星期日》、《学生潮》、《威克烈》……《威克烈》就是“外专”学生办的，那时香表哥还在“外专”读书。我们设法买全了《新青年》的前五卷。后来大哥甚至预先存了一两百块钱在“华阳书报流通处”，每天都要到那里去取一些新的书报回来。在那时候新的书报给人争先恐后地购买着（大哥做事的地方离那书铺极近）。

每天晚上我们总要抽点时间出来轮流地读这些书报，连通讯栏也不轻易放过。有时我们三弟兄，再加上香表哥和六姊，我们聚在一起讨论这些新书报中所论及的各种问题。后来我们五个人又组织了一个研究会，在新花园里开第一次会，就给六姊的母亲遇见了。三婶那时正和继母、大哥两个闹了架，她便禁止六姊参加。我们的研究会也就无形地停顿下去了。

当时他们还把我看作一个小孩子，却料不到我比他们更进一步，接受了更激进的思想，用白话写文章，参加社会运动，认识新的朋友，而且和这些朋友第一次在成都大街上散布了纪念五一节鼓吹社会草[1]命的传单。

从《告少年》里我得到了爱人类爱世界的理想，得到了一个小孩子的幻梦，相信万人享乐的社会就会和明天的太阳同升起来，一切的罪恶都会马上消灭。在《夜未央》里，我看见了在另一个国度里一代青年为人民争自由谋幸福的斗争之大悲剧，我第一次找到了我的梦景中的英雄，我找到了我的终身事业，而这事业又是与我在仆人轿夫身上发见的原始的正义的信仰相合的。

如今我的信仰并没有改变，社会科学的研究反而巩固了它，但是那个小孩子的幻梦却已经消失了。

1　这里的“草”字是当时传单印错了的。

5. 小小的经验[1]

巴　金

在五四运动的后一年我们出版了一种半月刊。其实这句话就有语病，我并不是那刊物的创办人。大约在刊物出到八九期的时候，我写了一封信到刊物编辑部去。他们回了信，一位编辑又来找我谈话。我便和他们做了朋友，他们邀请我参加刊物的工作，后来我就做了编辑。

《半月》出到10期以后，就碰了一个小钉子。事情是这样的：学生会演剧筹款办平民学校，军人来捣乱。学生和军人发生了冲突。风潮扩大起来。一个朋友在刊物上写了一篇激烈的文章，刊物出版，我们就接到公事，要我们先把那短文抽去，才准刊物发卖。另一个朋友想到了一个好办法。他到刻字铺去刻了一个长条的图章，用朱红印泥盖在那篇文章上面，然后再用墨笔把文章的前后勾了两下。这期刊物原样地摆在书店的货柜上，任人购买。读者们痛快地读完了那篇攻击当局的文章，被激昂的辞句所感动。他们在用黑色油墨印成的文章上面，惊奇地发见了一行横印着的朱红色的较大的字："文本奉×××××命令抽去"。这五个×是我随便加上的，用在这里作为一个代替的符号，至于所代替的是什么呢？是省会警察厅，是戒严司令部，是城防司令部，还是别的机关？我现在记不起来了。

我们大家都称赞那个朋友的聪明，我们就这么容易的把那根小钉子拔出来，踏进泥土里去了。

1　巴金：《巴金全集》（第十二卷），人民文学出版社，1989。本篇最初发表于1935年12月26日《文学季刊》第二卷第四期。

但是《半月》出到24期，我们正准备举行周年纪念庆祝会的时候，刊物就突然被禁了。查禁的理由，说起来也许没有人相信，就是提倡女子剪发。在十几年后的今天，倘使你公开反对女子剪发，那么别人不说你是一个拜物狂（关于这个，希特勒的对头希尔席费尔特[1]很有研究），就会骂你脑筋封建。但是在我们那个时候，女子剪发却是一件大逆不道的行为。所以我们骂过“水漩儿公”[2]不要紧；我们鼓吹革命也不要紧；而且我的第一篇文章在刊物上发表，也不曾引起任何的麻烦，那个时候我不过是一个小孩，会写些带感情的话。我大胆地凭个人的直觉，否定了整个现社会制度的存在，而且有一股傻劲，觉得为一篇文章杀头也算不了一回事。那篇文章在今天发表也会成为问题，可是在当时却平安地过去了。这也不要紧。要紧的却是——

当时四川有三个女学生剪掉了辫子，社会轰传，我们高兴。所谓“省会警察厅”马上出了布告禁止女子剪发，我们的刊物上接着来了一篇不客气的批评。以后大概还发表了两三篇这一类的文章，有一篇还是那三个女子中的一位写的。这一来警察厅觉得应该维持面子了，便派了两个人来找我们办交涉；他们要我们以后不再提这件事情，并且把前几期的刊物存数全部交给他们带走。他们的态度还算客气，他们准备来跟我们讲条件。可惜我们这一群傻孩子，做事只知道走直路，从来不会拐弯，更不知道让步妥协。我们拒绝了他们的条件，跟他们起了争执。结果他们拿走了二三十本存书，我们却不断地写信到警察厅去质问。最后他们就下了查禁的命令。可是他们已经显得被动了。以后我们还秘密地出了一期停刊号，详细记载这件事情的经过。那里面的两篇长文的确写得慷慨激昂，是出于一个年纪较大的朋友的手笔。我读着它们，血就沸腾起来。这位朋友不久在高等师范毕了业，便因为生活问题到别处去了。以后我也没有机会和他再见面。听说他在大革命中为革命事业奉献了生命。

我们的刊物在当时算是畅销的。每一期出版，不到半个月就完全卖光。不过收帐不大容易，所以每期大亏本，使得我们每期只能印一千份，又无法再版。为这刊物我出力不多，而且我一共只写过三四篇文章。但是朋友中有几个人的牺牲精神却使我十分感动。有一个朋友常常为着刊物当衣服，他为了使思想和行为一

1　马·希尔席费尔特（1868—1935），德国精神病学家，希特勒封闭了他创办的性科学学院，烧毁了全部的藏书和文件。

2　“水漩儿公”，当时的统治者刘成勋的绰号。“水漩儿”和“滑头”是同一意思。

致起见，曾经抛弃了学业到一家裁缝铺去做学徒，晚间弄得满指头都是针眼跑到社里来服务。我当时很崇拜他。这朋友现在还活着，不知道他活得怎样。让我在此地祝福他。

那时候有几个年纪较大的人正要创办一种《警群》月刊，听说我们的刊物被封，就托人来约我们参加他们的工作。他们原想利用我们。但是我们这几个傻孩子不通世故人情，也不懂得客气。他们要我们发表意见，我们就发表意见。他们让我们做编辑，我们就做编辑。

第一次开编辑会议，没有什么争论。五个编辑里面双方各占两个，还有一个算是总编辑；可以说中立派。在第二次的编辑会议里我们应该将第一期月刊的稿子集好，大家不能够随便敷衍了。我们这方面提出两篇关于女子剪发的文章，两篇关于社会问题的文章。我也写了一篇《爱国主义与中国人到幸福的路》。总编辑还好说话，对于我们提出的文章，他都通过，有一篇他说可以留到下期发表，我们却坚持登在创刊号上，他也就同意了。

他们那方面的文章大半是些“之乎者也”的东西。平时不作声的我，这一次居然也发表了意见。结果除了那两个编辑的文章外，别的都没有被通过。

那两个编辑中有一个是40多岁的半新不旧的老先生。他自然不高兴我。他拿起我的文章躺在藤椅上，跷起一双脚，用国文教员看课卷的态度看了一遍，结果发出一声冷笑，说：“这篇文章会把鼓打响的。”

“不要紧，我负责！”我强硬地说。

“哼！”他皮笑肉不笑地望了我一眼。

谁知道两三个月以后，这个人居然做了外国语专门学校的学监，我正在那个学校读书。我每天和他见面。他好像不认识我，我自然不会对他点头。终于有一天他找到了报复的机会：学校翻造房子，我为了方便便把办公室当做过道走了好几次，校长都没有说话，他却拦住我不让走。我望着他那张带黑色的瘦脸，不觉想起了编辑会议的情形。

第一期《警群》月刊出版，我们胜利了。想利用人的先生们反倒被人利用。学监之类就暗暗地跑到警察厅去告发。警察厅不来管他们。我们却因此跟他们起了争执，结果我们这方面的八个人登报脱离，而他们也就把刊物停了。

半年以后我们又办了一种周刊《平民之声》。这次由我主持编辑事务，通信处就设在我家里。第一期刊物编好，我们非常高兴。我们天天到印刷局去看校样，我们在旁边守着工人把铅版上架。印刷局这次一定要我们把稿子送到警察厅去检查，我们只得把清样送去了。是那个学裁缝的朋友送去的。我们几个人就在印刷局里望着印机转动，注意地望着每两份连在一起的刊物一张一张从印机上飞下来。我们兴奋得甚至忘了晚饭。

傍晚时分一千份刊物印成了，我们把它们带到作为发行部的另一个朋友的家里。我从那里走回家。一个警察在我们公馆门口徘徊，好像在等候什么人似的。

“四少爷，这封信是你的不是？”看门的李老头看见我跨进门槛，就站起来把一封信递到我的手里。

信封上写着“送新世纪杂志社收启”，地址没有错。我拿出一张名片把警察打发走了。

我连忙拆开信看。里面全是官话，但意思很明白：第一期刊物看见了，言论过激，“对于国家安宁恐有妨害”，所以不能许可发行，但是希望以后怎么样怎么样做，“庶不背乎造福社会之宗旨”。措辞总算客气。这真叫做“自讨没趣”！我们不送检查，他们倒也不管；送去反而招来了麻烦。可笑的是刊物上面横排着“新世纪1921年”字样，他们却把“新世纪”当做刊物的名称。而“平民之声”四个大字却没有人看见。

第一期的周刊依旧半公开地在外面发卖。不过我们在第二期上面登了一个简单的启事：“本刊第一期警察厅禁止发售，对于订户无法补送，敬请原谅。”

第二期出版，倒很顺利。第三期上有一篇短文被删去一段，我们用墨笔轻轻一勾，就对付去了。从第四期起我们换了一家比较便宜的印刷局，他们很认真，我们以前的办法，是一面付印，一面送检查。这家小印刷局却要等到清样检查完毕发回来以后才肯开印。刊物第四期上开始连载我的一篇题作《托尔斯泰的生平和学说》的长文。这自然说不上研究，唯一的秘诀是抄书。第五期周刊上正发表到论托氏的社会思想的一段，开头有五六行被检查员用红笔勾去了，便没有能够印出来，但也注明被删去若干行的字样。

这一来，我们倒觉得讨厌了。你不要我做，我偏要做。检查员既然认真做，我们也就不客气了。第六期的文章便来得更厉害，每个人的文章都遭了砍头刖足的重刑。我们知道检查员快要被我们弄得发狂了。我们便想出种种方法来激怒他（或他们）。我们想他（或他们）大概不懂外国文，便故意从北京的刊物上选了一篇《支加哥的殉道者》转载，这篇文章很长，而且译笔欧化到十二分，我们读起来也很吃力，这一次检查员总算了吃了我们的亏。我们从发回来的清样上可以看出来他（或他们）这次是煞费了苦心的。

但是在第八期上报复来了。恰巧在这期我们又换了印刷局。新的印刷局是一个朋友介绍的，我们不知道这家印刷局的负责人比耗子还胆小，刊物付印时我们去迟了半天，刊物已经完全印好了。我们拿起一张来读，任何一篇文章，我们读来读去，都读不出意思来，连写文章的我们自己也莫名其妙了。我们翻到第四版，奇怪，连《支加哥的殉道者》这个标题也不见了。原来印刷局不得我们同意，就把被勾去的字句检出，单将文章接连地排在一起，结果弄得每篇文章变成了狂人的谵语。

我们再仔细检查一下："这么"的"这"字没有了，"那么"的"么"字没有了；"社会"的"社"字没有了；"运动"的"动"字没有了；至于"的""呢""了""吗"之类，更不必说。"支加哥"大概是什么暗号，"殉道者"一定是俄文或法文，"秋天的太阳以它的抚人的微风接吻每个自由的人的双颊时"，在这纠缠不清的欧化句子里，"它"这个字，中国本来就没有，"抚人""接吻"都是猥亵字眼，微风更不会和人亲嘴，"自由"又是违碍的字眼，所以结果被改成了"秋天太阳微风每人双颊"。

我们起初很生气，但是后来仔细一想又觉得好笑，从这里我们不是很清楚地看出了一个人的教养、思想和恐惧吗？结果被检查的倒不是我们的文章了。

这位可怜的老先生想拼他的老命来阻止洪水的泛滥，那种如临深渊如履薄冰的样子不是一幕farce[1]中的一个很好的场面吗？

我们印了一张"刊误表"附着报纸送给订户。在那张"刊误表"上面我们还想写着"这一期的刊物应该是历史的资料"一类的话，但是并没有实行。

以后我们和检查员的关系变得更坏了。我们的兴趣也从刊物移到了检查员的身上。我们专门研究他的心理，分析他，试探他，激怒他，欺骗他，各种的花样都用过，而且屡试屡效。[2]

1 farce（英文），笑剧的意思。

2 这篇文章一九三五年春天在日本写成，是故意写给当时的国民党上海市党部图书杂志审查会的老爷们看的（一九五九年注）。

6. 断片的记录[1]

巴　金

一

才10点半钟，为什么四周是这样地静！桌子上放着一只表。我在夜间写文章的时候，手边总要放一只表。我并不想知道时间的早迟，我却想听见一点声音，哪怕是单调的声音也好。不然我说不定会疑心自己已经死了。

像我这样的人会成为所谓著作家，这件事我自己也觉得奇怪。若论我的才份，我的性情，我的修养，我都不配做一个著作家。我深知道自己，我是一个极平凡的人。我本来应该找个安份守己的事情来做，然而不知道怎样，我开始写了文章。我写文章好像是顺从一种冲动。我常常是不由自主地拿起笔写。写完就仿佛从一个噩梦中醒过来似的，觉得心上的重压去掉了，身子轻松了许多：这时候我的心才有片刻的安静。

但是这样的安静并不会继续多久。一篇文章刚送出去，第二篇又不得不开始了。好像那个推动我的力量就没有一个时候肯把我放松。我疲倦，但是我不能休息。好几次我忍不住要发出一声叫喊：饶了我罢。然而我并不曾得到饶恕。

写作渐渐变成了一种惩罚，一种苦刑。可是我的作品却一天天多了起来。

1　巴金：《巴金全集》（第十二卷），人民文学出版社，1989。本篇最初发表于1936年4月1日天津《大公报·文艺》，发表时题为《片断的记录》。

起初看见一本新书出版，我自己也感到快乐。可是后来连这种快乐也渐渐地消失了。有时候我甚至憎厌我自己写的东西。

我常常希望我能够忘掉我自己写的书，然而事实上却做不到。我只要在书桌前面坐下来，一提起笔，我就看见那些书堆在我面前，不，它们是堆在我心上的。它们重重地压住我的心，使我有时候甚至透不过气来。我说我要自由，然而我却甩不开这些黑影。

于是我怜悯我自己，诅咒我自己，我只希望我能够永远不提笔写一个字。

二

我又在书桌前面坐下了。我提起笔来。在我的眼前出现了一张脸，我知道这是我自己的。另一个我坐在对面看我写字。我写了一行，两行，……一页，两页。我放下笔，抬起头看对面。另一个我正在用检查的眼光望我。我自己在探索我的心。我变成了两个，而且成了两个彼此不肯放松的人。

我在那一张脸上看出了轻视、狞笑、责备。有时候我忍受不住，羞愧地把头埋在书桌上。我怕看那一个我，我怕看我自己。

“你为什么就不能够打破矛盾？你为什么甘愿做一个懦弱的人？”我常常听见另一个我在责备写文章的我。我对这种责备不敢发出一声怨言。我的确是一个充满矛盾的人。

我好几次想不再提笔了。我说我要消除那个矛盾。自然我的矛盾很多，那个却是较大的一个。譬如前年年底我去日本，那时候我的确抱了搁笔的决心。然而我刚刚到了那里，我的决心就动摇了。后来甚至在极不方便的情形下面，我也偷偷地写了《神》、《鬼》、《长生塔》这三个短篇和一些散文。我写这些文章并不是想得稿费，因为我在日本写的文章的发表费全送给国内的朋友了。我在一个地方说过，我写文章为的是排遣寂寞，这当然有理，但是另外还有原因。这个原因要深得多，然而我却不能够明确地说出来。

总之，到了日本以后，我虽然忙着读书，却也不曾搁笔。从日本回来，我也还不得不时时拿起笔写点东西。我最近说过我发明了“搁笔”两个字敷衍各位编辑先生，其实这句话也不对。我自己的确真诚地希望我能够搁笔。然而同时我又时时自动地提起笔来。

这种内心的激斗是长久的，而且痛苦的。我好比站在十字路口，倘使我再强健一点，我便会毅然地挑选了一条路走：或者抛弃文学，或者死抱住文学。然而我两样都做不到。结果我一定会在夹攻中毁掉自己。

三

我十五六岁的时候，在成都加入了一个青年学生组织的团体。那个团体办了一种刊物。我的新朋友要我写文章，我当时就惶恐地想道：像我这样低能的人怎么能够写文章呢？我从来没有起过写文章的念头。

这是十几年前的事情了，然而到现在我还能够了解那种心情。我甚至愿意年光倒流，回头去过那时的生活。我觉得那个时候我是没有矛盾的。我或者在大街上散传单，或者在商场楼上跟朋友们一道抬杂志社的铺板，或者做别的事情，那些日子里我觉得十分快活。我只有一个希望：谦逊地牺牲自己，不要人知道我的姓名，知道我的一切。我的心中只有对朋友们的友情和对人类的空泛的爱。一本小册子就是我们的福音，一句话就可以叫我们牺牲性命。现在有许多朋友认为我有着过多的热情，却不知道那时候我的热情更多。我那时候的确抱着《告少年》，抱着《夜未央》和那本戏里的人物一起哭、笑过。那个时候我的热情是不断地向外发散的。我做一件事，说一句话，哭一声，叫一声，我走的路总是直线的，那个时候我的确幸福。

后来我写了文章。当时的环境还允许我自由地说话，所以我的第一篇文章的题目就十分激烈。以后我还写了介绍世界语的文章。自然免不了大抄书，因为我当时知道的实在有限。不过那时我完全没有表现自己的心思。我只想把自己所知道的一点东西，让别人也知道。我忘记了我的幼稚，我的低能，就这样被我的信仰鼓舞着，开始做了我没有能力做得好的事情。以后我继续写文章。自然还是在抄书。不过那时我仍然走着直线的路。我随处散发我的热情，我没有矛盾，没有痛苦。

然而现在情形却不同了。几年前我开始写了小说，换一个漂亮名辞来说，开始了我的文学生涯。从那时起我就有了更多的矛盾。这十几年来我的信仰并没有改变（也许像巴罗哈的朋友对巴罗哈说的，是“没有进步”），可是我走的路却变成曲线的了。我停止了发散热情；却把热情向内贮藏起来，愈积愈多，就成了现在的这个样子。有人说热情是一把火，我便说我是一座火山，一座雪下的火山。我贮蓄了那么多的热情，我害怕会有一个大爆发。

有些朋友为着这个替我担心，他们却不知道我已经找到了一个消磨热情的东西，那就是内心的激斗。那是矛盾。我努力消除那个矛盾，我的心里整天地斗争，然而结果矛盾依然原样地存在。这可以说我自己在反复熬煎自己。

我为了写小说曾经受到几个朋友的责备，最近还有一个青年朋友表示，我不该把时间浪费在文字上面。他并不曾直接写信给我，他写给我的另一个朋友。那个朋友却把信发表在他们的一份小刊物上面了。我感谢那个年轻的朋友。我把那份刊物读了好几遍。那份刊物我每期都非常热爱地读过，我甚至在那些平常的字句间看出了深的友情和信仰，并且我看出了十几年前的我的面影。这时候我好像受到一次祝福。但是以后我又感到一阵绝望。我仿佛是一只折断了翅膀的老鹰，我不能够再在广阔的天空里飞翔了。我的绝望只有我自己知道。

四

我说过要沉默，我说过要抛弃写作生活，我没有做到。这是我的弱点。这是我的不幸。朋友们因为这个责备我，我只有低头承受。

然而另一些朋友却又怪我不该沉默。我还接到过好些信。譬如最近几个没有署名的青年读者来信就说："我们知道你近来沉默了。但你为什么要沉默呢？我们想也许是社会环境对你不好罢，但是你为什么要做一个顺从环境像觉新那样的人而沉默着呢？你为什么不做一个像觉慧那样的人和社会奋斗继续创作呢？……我们热烈地望你的作品继续出现：我们不要你再沉默。"

对于这样的信，我怎么能够回答呢？我果然是顺从环境吗？我有着不少爱我的朋友，我差不多就靠着友情生活，然而当我彷徨在这样的十字路口的时候，我却找不到一个人来给我帮忙了。我自己知道我应该抛弃文学，但是我的感情和环境又抓住我，我的理智不甘心这个，又要反抗。我这时正需要人鼓舞我毫不顾惜地把写作生活抛弃，正需要人来帮助我保守沉默。要这样我才能够保持我的心境的和平。然而别人却不要我沉默。我的另一个自己却因此而得势了。

人是一个复杂的生物。唯其我活了这许多年，所以我和初生的孩子不同。过去的生活在我的身心两方面所留下的影响是不能够消灭的。虽然我大哥因为顺从环境而灭亡了，我反抗环境而活到如今，然而我依旧是过去环境的产物。我不能够一下子就把过去的阴影完全从肩头甩掉。我不是一个强健的人。倘使在那长久的内心的激斗决定胜负之后，我还健康地活着，那时我或许会成为强健的人也未可知。现在我决不是一个强健的人。

7. 关于《家》（十版代序）[1]

——给我的一个表哥

巴 金

请原谅我的长期的沉默，我很早就应该给你写这封信的。的确我前年在东京意外地接到你的信时，我就想给你写这样的一封信。一些琐碎的事情缠住我，使我没有机会向你详细解释。我只写了短短的信。它不曾把我的胸怀尽情地对你吐露，使你对我仍有所误解。你在以后的来信里提到我的作品《家》，仍然说“剑云固然不必一定是我，但我说写得有点象我——”一类的话。对这一点我后来也不曾明白答复，就随便支吾过去。我脑子里时常存着这样一个念头；我将来应该找一个机会向你详细剖白；其实不仅向你，而且还向别的许多人，他们对这本小说都多少有过误解。

许多人以为《家》是我的自传，甚至有不少的读者写信来派定我为觉慧。我早说过“这是一个错误”。但这声明是没有用的。在别人看来，我屡次声明倒是“欲盖弥彰”了。你的信便是一个例子。最近我的一个叔父甚至写信来说：“至今尚有人说《家》中不管好坏何独无某，果照此说我实在应该谢谢你笔下超生了……”你看，如今连我的六叔，你的六舅，十一二年前常常和你我在一起聚谈游玩的人也有了这样的误解。现在我才相信你信上提到的亲戚们对我那小说的“非议”是相当普遍的了。

我当时曾经对你说，我不怕一切“亲戚的非议”。现在我的话也不会是两

1 巴金：《巴金全集》（第一卷），人民文学出版社，1986。

样。一部分亲戚以为我把这本小说当作个人泄愤的工具，这是他们不了解我。其实我是永远不会被他们了解的。我跟他们是两个时代的人。他们更不会了解我的作品，他们的教养和生活经验在他们的眼镜片上涂了一层颜色，他们的眼光透过这颜色来看我的小说，他们只想在那里面找寻他们自己的影子。他们见着一些模糊的影子，也不仔细辨认，就连忙将它们抓住，看作他们自己的肖像。倘使他们在这肖像上发见了一些自己不喜欢的地方（自然这样的地方是很多的），便会勃然作色说我在挖苦他们。只有你，你永远是那么谦逊，你带着绝大的忍耐读完了我这本将近三十万字的小说，你不曾发出一声怨言。甚至当我在小说的末尾准备拿“很重的肺病”来结束剑云的“渺小的生存”时[1]，你也不发出一声抗议。我佩服你的大量，但是当我想到许多年前在一盏清油灯旁边，我跟着你一字一字地读英文小说的光景，我不能不起一种悲痛的心情。你改变得太多了。难道是生活的艰辛把你折磨成了这个样子？那个时候常常是你给我指路，你介绍许多书籍给我，你最初把我的眼睛拨开，使它们看见家庭以外的种种事情。你的家境不大宽裕，你很早就失掉了父亲，母亲的爱抚使你长大成人。我们常常觉得你的生活里充满着寂寞。但是你一个人勇敢地各处往来。你自己决定了每个计划，你自己又一一实行了它。我们看见你怎样跟困难的环境苦斗，而得到了暂时的成功。那个时候我崇拜你，我尊敬你那勇敢而健全的性格，这正是我们的亲戚中间所缺乏的。我感激你，你是对我的智力最初的发展大有帮助的人。在那个时候，我们的亲戚里面，头脑稍微清楚一点的，都很看重你，相信你会有一个光明的前途。然而如今这一切都变成了渺茫的春梦。你有一次写信给我说，倘使不是为了你的母亲和妻儿，你会拿“自杀”来做灵药。我在广州的旅舍里读到这封信，那时我的心情也不好，我只简单地给你写了一封短信，我不知道用了什么样的安慰的话回答你。总之我的话是没有力量的。你后来写信给我，还说你“除了逗弄小孩而外，可以说全无人生乐趣”；又说你“大概注定只好当一具活尸”。我不能够责备你象你自己责备那样。你是没有错的。一个人的肩上挑不起那样沉重的担子，况且还有那重重的命运的打击（我这里姑且用了“命运”两个字，我所说的命运是“社会的”，不是“自然的”）。你的改变并不是突然的。我亲眼看见那第一下打击怎样落

1　关于剑云的结局，在《家》的初版本里有这样一句话：“……我知道他患着很重的肺病，恐怕活不到多久了”（第四十章）。现在我把它改作了“他身体不好，应该好好地将息”。

到你的头上，你又怎样苦苦地挣扎。于是第二个打击又接着来了。一次的让步算是开了端，以后便不得不步步退让。虽然在我们的圈子里你还算是一个够倔强的人，但是你终于不得不渐渐地沉落在你所憎厌的环境里面了。我看见，我听说你是怎样地一天一天沉落下去，一重一重的负担压住了你。但你还不时努力往上面浮，你几次要浮起来，又几次被压下去。甚至在今天你也还不平似地说“消极又不愿”的话，从这里也可看出你跟剑云是完全不同的两种人，你们的性格里绝对没有共同点。他是一个柔弱、怯懦的性格。剑云从不反抗，从不抱怨，也从没有想到挣扎。他默默地忍受他所得到的一切。他甚至比觉新还更软弱，还更缺乏果断。其实他可以说是根本就没有计划，没有志愿。他只把对一个少女的爱情看作他生活里的唯一的明灯。然而他连他自己所最宝贵的感情也不敢让那个少女（琴）知道，反而很谦逊地看着另一个男子去取得她的爱情。你不会是这种人。也许在你的生活里是有一个琴存在的。的确，那个时候我有过这样的猜想。倘使这猜想近于事实，那么你竟然也象剑云那样，把这个新生的感情埋葬在自己的心底了。但是你仍然不同，你不是没有勇气，而是没有机会，因为在以后不久你就由“母亲之命媒妁之言”跟另一位小姐结了婚。否则，那个“觉民”并不能够做你的竞争者，而时间一久，你倒有机会向你的琴表白的。现在你的妻子已经去世，你的第一个孩子也成了十四岁的少年，我似乎不应该对你说这种话。但是我一提笔给你写信说到关于《家》的事情，就不能不想到我们在一起所过的那些年代，当时的生活就若隐若现地在我的脑子里浮动了。这回忆很使我痛苦，而且激起了我的愤怒。固然我不能够给你帮一点忙。但是对你这些年来的不幸的遭遇，我却是充满了同情，同时我还要代你叫出一声“不平之鸣”。你不是一个象剑云那样的人，你却得着了剑云有的那样的命运。这是不公平的！我要反抗这不公平的命运！

然而得着这个不公平的命运的，你并不是第一个，也不是最后的一个。做了这个命运的牺牲者的，同时还有无数的人——我们所认识的，和那更多的我们所不认识的。这样地受摧残的尽是些可爱的、有为的、年轻的生命。我爱惜他们，为了他们，我也应当反抗这个不公平的命运！

是的，我要反抗这个命运。我的思想，我的工作都是从这一点出发的。

我写《家》的动机也就在这里。我在一篇小说里曾经写过：“那十几年的生活是一个多么可怕的梦魇！我读着线装书，坐在礼教的监牢里，眼看着许多人在那里面挣扎、受苦，没有青春，没有幸福，永远做不必要的牺牲品，最后终于得着灭亡的命运。还不说我自己所身受到的痛苦！……那十几年里面我已经用眼泪埋葬了不少的尸首，那些都是不必要的牺牲者，完全是被陈腐的封建道德、传统观念和两三个人的一时任性杀死的。我离开旧家庭，就象甩掉一个可怕的阴影，我没有一点留恋。……”[1]

这样的话你一定比别人更了解。你知道它们是多么真实。只有最后的一句是应该更正的。我说没有一点留恋，我希望我能够做到这样。然而理智和感情常常有不很近的距离。那些人物，那些地方，那些事情，已经深深地刻在我的心上，任是怎样磨洗，也会留下一点痕迹。我想忘掉他们，我觉得应该忘掉他们，事实上却又不能够。到现在我才知道我不能说没有一点留恋。也就是这留恋伴着那更大的愤怒，才鼓舞起我来写一部旧家庭的历史，是的，“一个正在崩溃中的封建大家庭的全部悲欢离合的历史”。

然而单说愤怒和留恋是不够的。我还要提说一样更重要的东西，那就是信念。自然先有认识而后有信念。旧家庭是渐渐地沉落在灭亡的命运里面了。我看见它一天一天地往崩溃的路上走。这是必然的趋势，是被经济关系和社会环境决定了的。这便是我的信念（这个你一定了解，你自己似乎就有过这样的信念）。它使我更有勇气来宣告一个不合理的制度的死刑。我要向一个垂死的制度叫出我的J’accuse（我控诉）[2]。我不能忘记甚至在崩溃的途中它还会捕获更多的“食物”：牺牲品。

所以我要写一部《家》来作为一代青年的呼吁。我要为过去那无数的无名的牺牲者“喊冤”！我要从恶魔的爪牙下救出那些失掉了青春的青年。这个工作虽是我所不能胜任的，但是我不愿意逃避我的责任。

写《家》的念头在我的脑子里孕育了三年。后来得到一个机会我便写下了它的头两章，以后又接着写下去。我刚写到“做大哥的人”那一章（第六章），报告我大哥自杀的电报就意外地来了。这对我是一个不小的打击。但因此坚定了我的写作的决心，而且使我感到我应尽的责任。

我当初刚起了写《家》的念头，我曾把小说的结构略略思索了一下。最先浮现在我的脑子里的就是那些我所熟悉的面庞，然后又接连地出现了许多我所不

1　见短篇小说《在门槛上》。
2　《我控诉》：法国小说家左拉（1840—1902）的一篇杂文题目。

能够忘记的事情，还有那些我在那里消磨了我的童年的地方。我并不要写我的家庭，我并不要把我所认识的人写进我的小说里面。我更不愿意把小说作为报复的武器来攻击私人。我所憎恨的并不是个人，而是制度。这也是你所知道的。然而意外地那些人物，那些地方，那些事情都争先恐后地要在我的笔下出现了。其中最明显的便是我大哥的面庞。这和我的本意相违。我不能不因此而有所踌躇。有一次我在给我大哥的信里顺便提到了这件事，我说，我恐怕会把他写进小说里面（也许是说我要为他写一部小说，现在记不清楚了），我又说到那种种的顾虑和困难。他的回信的内容却出乎我意料之外。他鼓舞我写这部小说，他并且劝我不妨"以我家人物为主人公"。他还说："实在我家的历史很可以代表一般家族的历史。我自从得到《新青年》等书报读过以后我就想写一部这样的书。但是我写不出来。现在你想写，我简直喜欢得了不得。希望你把它写成罢。……"我知道他的话是从他的深心里吐出来的。我感激他的鼓励。但是我并不想照他的话做去。我不要单给我们的家族写一部特殊的历史。我所要写的应该是一般的封建大家庭的历史。这里面的主人公应该是我们在那些家庭里常常见到的。我要写这种家庭怎样必然地走上崩溃的路，走到它自己亲手掘成的墓穴。我要写包含在那里面的倾轧、斗争和悲剧。我要写一些可爱的年轻的生命怎样在那里面受苦、挣扎而终于不免灭亡。我最后还要写一个旧礼教的叛徒，一个幼稚然而大胆的叛徒。我要把希望寄托在他的身上，要他给我们带进来一点新鲜空气，在那个旧家庭里面我们是闷得透不过气来了。

我终于依照我自己的意思开始写了我的小说。我希望大哥能够读到它，而且把他的意见告诉我。但是我的小说刚在《时报》上发表了一天，那个可怕的电报就来了。我得到电报的晚上，第六章的原稿还不曾送到报馆去。我反复地读着那一章，忽然惊恐地发觉我是把我大哥的面影绘在纸上了。这是我最初的意思，而后来却又极力想避免的。我又仔细地读完了那一章，我没有一点疑惑，我的分析是不错的。在十几页原稿纸上我仿佛看出了他那个不可避免的悲惨的结局。他当时自然不会看见自己怎样一步一步地走近悬崖的边沿。我却看得十分清楚。我本可以拨开他的眼睛，使他能够看见横在面前的深渊。然而我没有做。如今刚有了这个机会，可是他已经突然地落下去了。我待要伸手救他，也来不及了。这是我终生的遗憾。我只有责备我自己。

我一夜都不曾闭眼。经过了一夜的思索，我最后一次决定了《家》的全部结构。我把我大哥作为小说的一个主人公。他是《家》里面两个真实人物中的一个。

然而，甚至这样，我的小说里面的觉新的遭遇也并不是完全真实的。我主要地采取了我大哥的性格。我大哥的性格的确是那样的。

我写觉新、觉民、觉慧三弟兄，代表三种不同的性格，由这不同的性格而得到不同的结局。觉慧的性格也许跟我的差不多，但是我们做的事情不一定相同。这是瞒不过你的。你在觉慧那样的年纪时，你也许比他更勇敢。我三哥从前也比我更敢作敢为，我不能够把他当作觉民。在女人方面我也写了梅、琴、鸣凤，也代表三种不同的性格，也有三个不同的结局。至于琴，你还可以把她看作某某人。但是梅和鸣凤呢，你能够指出她们是谁的化身？自然这样的女子，你我也见过几个。但是在我们家里，你却找不到她们。那么再说剑云，你想我们家里有这样的一个人吗？不要因为找不到那样的人，就拿你自己来充数。你要知道，我所写的人物并不一定是我们家里有的。我们家里没有，不要紧，中国社会里有！

我不是一个冷静的作者。我在生活里有过爱和恨，悲哀和渴望；我在写作的时候也有我的爱和恨，悲哀和渴望的。倘使没有这些我就不会写小说。我并非为了要做作家才拿笔的。这一层你一定比谁都明白。所以我若对你说《家》里面没有我自己的感情，你可以责备我说谎。我最近又翻阅过这本小说，我最近还在修改这本小说。在每一篇页、每一字句上我都看见一对眼睛。这是我自己的眼睛。我的眼睛把那些人物，那些事情，那些地方连接起来成了一本历史。我的眼光笼罩着全书。我监视着每一个人，我不放松任何一件事情。好象连一件细小的事也有我在旁做见证。我仿佛跟着书中每一个人受苦，跟着每一个人在魔爪下面挣扎。我陪着那些年轻的灵魂流过一些眼泪，我也陪着他们发过几声欢笑。我愿意说我是跟我的几个主人公同患难共甘苦的。倘若我因此受到一些严正的批评家的责难，我也只有低头服罪，却不想改过自新。

所以我坦白地说《家》里面没有我自己，但要是有人坚持说《家》里面处处都有我自己，我也无法否认。你知道，事实上，没有我自己，那一本小说就不会存在。换一个人来写，它也会成为另一个面目。我所写的便是我的眼睛所看见的；人物自然也是我自己知道得最清楚的。这样我虽然不把自己放在我的小说里面，而事实上我已经在那里面了。我曾经在一个地方声明过：“我从没有把自己写进我的作品里面，虽然我的作品中也浸透了我自己的血和泪，爱和恨，悲哀和欢乐。”我写《家》的时候也决没有想到用觉慧代表我自己。固然觉慧也做我做过的事情，譬如他在“外专”读书，他交结新朋友，他编辑刊物，他创办阅报处，这些我都做过。他有两个哥哥，我也有两个哥哥（大哥和三哥），而且那两个哥哥的性情也和我两个哥哥的相差不远。他最后也怀着我有过的那种心情离开家庭。但这些并不能作为别人用来反驳我的论据。我自己早就明白地说了。“我偶尔也把个人的经历加进我的小说里，但这也只是为着使小说更近于真实。而且就是在这些地方，我也注意到全书的统一性和性格描写的一致。”[1]我的性格和觉慧的也许十分相象。然而两个人的遭遇却不一定相同。我比他幸福，我可以公开地和一个哥哥同路离开成都。他却不得不独自私逃。我的生活里不曾有过鸣凤，在那些日子里我就没有起过在恋爱中寻求安慰的念头。那时我的雄心比现在有的还大。甚至我孩子时代的幻梦中也没有安定的生活与温暖的家庭。为着别人，我的确祷祝过“有情人终成眷属”；对于自己我只安放了一个艰苦的事业。我这种态度自然是受了别人（还有书本）的影响以后才有的。我现在也不想为它写下什么辩护的话。我不过叙述一件过去的事实。我在《家》里面安插了一个鸣凤，并不是因为我们家里有过一个叫做翠凤的丫头。关于这个女孩子，我什么记忆也没有。我只记得一件事情：我们有一个远房的亲戚要讨她去做姨太太，却被她严辞拒绝。她在我们家里只是一个“寄饭”的婢女，她的叔父苏升又是我家的老仆，所以她还有这样的自由。她后来快乐地嫁了人。她嫁的自然是一个贫家丈夫。然而我们家里的人都称赞她有胆量。撇弃老爷而选取“下人”，在一个丫头，这的确不是一件容易的事情。因此我在小说里写鸣凤因为不愿意到冯家去做姨太太而投湖自尽，我觉得并没有一点夸张。这不是小说作者代鸣凤出主意要她走那条路；是性格、教养、环境逼着她（或者说引诱她）在湖水中找到归宿。

现在我们那所“老宅”已经落进了别人的手里。我离开成都十多年就没有回过家。我不知道那里还留着什么样的景象（听说它已经成了“十家院”）。你从前常常到我们家里来。你知道我们的花园里并没有湖水，连那个小池塘也因为我四岁时候失脚跌入的缘故，被祖父叫人填塞了。代替它的是一些方砖，上面长满了青苔。旁边种着桂树和茶花。秋天，经过一夜的风雨，金沙和银粒似的盛开的桂花铺满了一地。馥郁的甜香随着微风一股一股地扑进我们的书房。窗外便是

1　见“爱情的三部曲”的《总序》。

花园。那个秃头的教书先生象一株枯木似地没有感觉。我们的心却是很年轻的。我们弟兄姊妹读完了“早书”就急急跑进园子里，大家撩起衣襟拾了满衣兜的桂花带回房里去。春天茶花开繁了，整朵地落在地上，我们下午放学出来就去拾它们。柔嫩的花瓣跟着手指头一一地散落了。我们就用这些花瓣在方砖上堆砌了许多“春”字。

这些也已经成了捕捉不回来的飞去的梦景了。你不曾做过这些事情的见证。但是你会从别人的叙述里知道它们。我不想重温旧梦。然而别人忘不了它们。连六叔最近的信里也还有“不知尚能忆否……在小园以茶花片砌‘春’字事耶”的话。过去的印迹怎样鲜明地盖在一些人的心上，这情形只有你可以了解。它们象梦魇一般把一些年轻的灵魂无情地摧残了。我几乎也成了受害者中的一个。然而“幼稚”救了我。在这一点我也许象觉慧，我凭着一个单纯的信仰，踏着大步向一个简单的目标走去：我要做我自己的主人！我偏偏要做别人不许我做的事，有时候我也不免有过分的行动。我在自己办的刊物上面写过几篇文章。那些论据有时自己也弄不十分清楚。记得烂熟的倒是一些口号。有一个时候你还是启发我的导师，你的思想和见解都比我的透彻。但是“不顾忌，不害怕，不妥协”，这九个字在那种环境里却意外地收到了效果，它们帮助我得到了你所不曾得着的东西——解放（其实这只是初步的解放）。觉慧也正是靠了这九个字才能够逃出那个在崩溃中的旧家庭，去找寻自己的新天地；而“作揖主义”和“无抵抗主义”却把年轻有为的觉新活生生地断送了。现在你翻读我的小说，你还不能够看出这个很明显的教训么？那么我们亲戚间的普遍的“非议”是无足怪的了。

你也许会提出梅这个名字来问我。譬如你要我指出那个值得人同情的女子。那么让我坦白地答复一句：我不能够。因为在我们家里并没有这样的一个人。然而我知道你不会相信，或者你自己是相信了，而别的人却不肯轻信我的话。你会指出某一个人，别人又会指出另一个，还有人出来指第三个。你们都有理，或者都没理；都对或者都不对。我把三四个人合在一起拼成了一个钱梅芬。你们从各人的观点看见她一个侧面，便以为见着了熟人。只有我才可以看见她的全个面目。梅穿着“一件玄青缎子的背心”，这也是有原因的。许多年前我还是八九岁的孩子的时候，我第一次看见了一个象梅那样的女子，她穿了“一件玄青缎子的背心”。她是我们的远房亲戚。她死了父亲，境遇又很不好，说是要去“带发修行”。她在我们家里做了几天客人，以后就走了。她的结局怎样我不知道，现在我连她的名字也记不起来，要去探问她的踪迹更是不可能的了。只有那件玄青缎子的背心还深深地印在我的脑子里。

我写梅，我写瑞珏，我写鸣凤，我心里充满着同情和悲愤。我还要说我那时候有着更多的憎恨。后来在《春》里面我写淑英、淑贞、蕙和芸，我也有着这同样的心情。我深自庆幸我把自己的感情放进了我的小说里面，我代那许多做了不必要的牺牲品的女人叫出了一声：“冤枉！”

我的这心情别人或许不能了解，但是你一定明白。我还是一个五六岁的小孩的时候，在我姐姐的房里我找到了一本《列女传》。是插图本，下栏有图，上栏是字。小孩子最喜欢图画书。我一页一页地翻看着。图画很细致，上面尽是些美丽的古装女子。但是她们总带着忧愁、悲哀的面容。有的用刀砍断自己的手，有的投身在烈火中，有的在汪洋的水上浮沉，有的拿宝剑割自己的头颈。还有一个年轻的女人在高楼上投缳自尽。都是些可怕的故事！为什么这些命运专落在女人身上？我不明白！我问姐姐，她们说这是《列女传》。我依旧不明白。我再三追问。她们的回答是：女人的榜样！我还是不明白。我一有机会便拿了书去求母亲给我讲解。毕竟是母亲知道的事情多。她告诉我：那是一个寡妇，因为一个陌生的男子拉了她的手，她便当着那个人把自己这只手砍下来。这是一个王妃，宫里起了火灾，但是陪伴她的人没有来，她不能够一个人走出宫去，便甘心烧死在宫中。那边是一个孝女，她把自己的身子沉在水里，只为了去找寻父亲的遗体（母亲还告诉我许多许多可怕的事情，我现在已经忘记了）。听母亲的口气她似乎羡慕那些女人的命运。但是我却感到不平地疑惑起来。为什么女人就应该为了那些可笑的封建道德和陈腐观念忍受种种的痛苦，而且甚至牺牲自己的生命？为什么那一本充满血腥味的《列女传》就应该被看作女人的榜样？我那孩子的心不能够相信书本上的话和母亲的话，虽然后来一些事实证明出来那些话也有“道理”。我始终是一个倔强的孩子。我不能够相信那个充满血腥味的“道理”。纵然我的母亲、父亲、祖父和别的许许多多的人都拥护它，我也要起来反抗。我还记得一个堂妹的不幸的遭遇。她的父母不许她读书，却强迫她缠脚。我常常听见那个八九岁女孩的悲惨的哭声，那时我已经是十几岁的少年，而且已经看见几个比我年长的同辈少女怎样在旧礼教的束缚下憔悴地消磨日子了。

我的悲愤太大了。我不能忍受那些不公道的事情。我常常被逼迫着目睹一些可爱的生命怎样任人摧残以至临到那悲惨的结局。那个时候我的心因爱怜而苦恼，同时又充满了恶毒的诅咒。我有过觉慧在梅的灵前所起的那种感情。我甚至说过觉慧在他哥哥面前说的话。“让他们来做一次牺牲品罢。”

我不忍掘开我的回忆的坟墓，“那里面不知道埋葬了若干令人伤心断肠的痛史！”我的积愤，我对于不合理的制度的积愤直到现在才有机会倾吐出来。我写了《家》，我倘使真把这本小说作为武器，我也是有权利的。

希望的火花有时也微微地照亮了我们家庭里的暗夜。琴出现了。不，这只能说是琴的影子。便是琴，也不能算是健全的女性。何况我们所看见的只是琴的影子。我们自然不能够存着奢望。我知道我们那样的家庭里根本就产生不出一个健全的性格。但是那个人，她本来也可以成为一个张蕴华（琴的全名），她或许还有更大的成就。然而环境薄待了她，使她重落在陈旧的观念里，任她那一点点的锋铓被时间磨洗干净。到后来，一个类似惜春（《红楼梦》里的人物）的那样的结局就象一个狭的笼似地把她永远关在里面了。

如果你愿意说这是罪孽，那么你应该明白这是谁的罪过。什么东西害了你，也就是什么东西害了她。你们两个原都是有着光明的前途的人。

然而我依旧寄了一线的希望在琴的身上。也许真如琴所说，另一个女性许倩如比她“强得多”。但是在《家》里面我们却只看见影子的晃动，她（许倩如）并没有把脸完全露出来。

我只愿琴将来不使我们失望。在《家》中我已经看见希望的火花了。

——难道因为几千年来这条路上就浸饱了女人的血泪，所以现在和将来的女人还要继续在那里断送她们的青春，流尽她们的眼泪，呕尽她们的心血吗?

——难道女人只是男人的玩物吗?

——牺牲，这样的牺牲究竟给谁带来了幸福呢?[1]

琴已经发出这样的疑问了。她不平地叫起来。她的呼声得到了她同代的姊妹们的响应。

关于《家》我已经写了这许多话。这样地反复剖白，也许可以解除你和别的许多人对这部作品的误解。我也不想再说什么了。《家》我已经读过了五遍。这次我重读我五六年前写成的小说，我还有耐心把它从头到尾修改了一次。我简直

1　见《家》第二十五章。

抑制不住自己的感情，我想笑，我又想哭，我有悲愤，我也有喜悦。但是我现在才知道一件事情：

青春毕竟是美丽的东西。

不错，我会牢牢记住：青春是美丽的东西。那么就让它作为我的鼓舞的泉源罢。

巴　金

1937年2月

8. 我为什么要翻译[1]

巴　金

一

三联书店准备为我出版一套译文选集，他们挑选了十种，多数都是薄薄的小书，而且多年未印了。他们也知道这些书不会有大的销路，重印它们无非为了对我过去在翻译工作上的努力表示鼓励。我感谢他们的好意，可是说真话，在这方面我并无什么成就。

我常说我不是文学家，这并非违心之论。同样，我也不是翻译家。我写文章，发表作品，因为我有话要说，我希望我的笔对我生活在其中的社会起一点作用。我翻译外国前辈的作品，也不过是借别人的口，讲自己的心里话。所以我只介绍我喜欢的文章。

我承认自己并不精通一种外语，我只是懂一点皮毛。我喜欢一篇作品，总想理解它多一些，深一些，常常反复背诵，不断思考，根据自己的理解，用自己的文笔表达原作者的思想感情。别人的文章打动了我的心，我也想用我的译文打动更多人的心。不用说，我的努力始终达不到原著的高度和深度，我只希望把别人的作品变成我的武器。

我并不满意自己的译文，常常称它们为“试译”，因为严格地说它们不符合“信、达、雅”的条件，不是合格的翻译。可能有人说它们“四不

1　巴金：《巴金译文选集》，生活·读书·新知三联书店，1991。

像”：不像翻译，也不像创作，不像外国前辈的作品，也不像我平时信笔写出的东西。但是我像进行创作那样把我的感情倾注在这些作品上面。丢失了原著的风格和精神，我只保留着我自己的那些东西。可见我的译文是跟我的创作分不开的。我记得有一位外国记者问过我：作家一般只搞创作，为什么我和我的一些前辈却花费不少时间做翻译工作。我回答说，我写作只是为了战斗，当初我向一切腐朽、落后的东西进攻，跟封建、专制、压迫、迷信战斗，我需要使用各式各样的武器，也可以向更多的武术教师学习。我用自己的武器，也用拣来的别人的武器战斗了一生。在今天搁笔的时候我还不能说是已经取得多大的战果，封建的幽灵明明在我四周徘徊！即使十分疲乏，我可能还要重上战场。

回顾过去，我对几十年中使用过的武器仍有深的感情。虽然是“试译”，我重读它们还不能不十分激动，它们仍然强烈地打动我的心。即使是不高明的译文，它们也曾帮助我进行战斗，可以说它们也是我的生活的一部分。

我不知道从哪里讲起好。在创作上我没有完成自己的诺言，我预告要写的小说不曾写出来。在翻译方面我也没有完成自己的计划，赫尔岑的回忆录还有四分之三未译。幸而有一位朋友愿意替我做完这个工作，他的译文全稿将一次出版。这样我才可以不带着内疚去见“上帝”。前一个时期我常常因为这个问题没有解决坐立不安，现在平静下来了。没有做完的工作就像一笔不曾偿还的欠债，虽然翻译不是我的“正业”，但对读者失了信，我不能不感到遗憾。

有些事我做过就忘得干干净净，可是细心的读者偏偏要我记起它们。前些时候还有人写信问我是不是在成都出版的《草堂》文艺月刊上发表过翻译小说《信号》。对，我想起来了。那是1922年的事，《信号》是我的第一篇译文。我喜欢迦尔洵的这个短篇，从英译本《俄国短篇小说集》中选译了它，译文没有给保存下来，故事却长留在我的脑子里。在我的头一本小说《灭亡》中我还引用过《信号》里人物的对话。30年后（即50年代初）我以同样激动的心情第二次翻译了它。我爱它超过爱自己的作品。我在它那里找到自己的思想感情。它是我的老师，我译出的作品都是我的老师，我翻译首先是为了学习。

那么翻译《信号》就是学习人道主义吧。我这一生很难摆脱迦尔洵的影响，我经常想起他写小说写到一半忽然埋头痛哭的事，我也常常在写作中和人物一同哭笑。

可以说我的写作生活就是从人道主义开始的。《灭亡》，我的第一本书，靠了它我才走上文学的道路，即使杜大心在杀人被杀中毁灭了自己，但鼓舞他的牺牲精神的不仍是对生活、对人的热爱吗?

《寒夜》，我最后一个中篇（或长篇），我含着眼泪写完了它。那个善良的知识分子不肯伤害任何人，却让自己走上如此寂寞痛苦的死亡的路。他不也是为了爱生活、爱人……吗?

还有，我最近的一部作品，花了八年的时间写成的《随想录》不也是为了同一个目标?

二

我只是一个普通人，我也愿意做一个普通人。我不好意思说什么“使命感”、“责任感”……但是我活着绝不想浪费任何人的宝贵时间。

我的创作是这样，我的翻译也是这样。

从1922年翻译短篇《信号》开始，到1982年摔断左腿为止，60年间我译出的作品，长的短的加在一起，比这套选集多好几倍。作者属于不同的国籍，都是19世纪或者20世纪的有血、有肉、有感情的人，我读他们的书，仿佛还听见他们的心在纸上跳动。我和他们之间有不小的距离，我没有才华，没有文采，但我们同样是人，同样有爱，有恨，有渴望，有追求。我想我理解他们，我也相信读者理解他们。

别的我不多说了。

巴　金

一九八八年四月二十二日

附记：

最近，编者告诉我，台湾的东华书局希望在台湾同时出版这套小书，征求我的意见。

一九四七年，为文化生活出版社在台湾设立分社的事，我曾去过台湾半个月，还跟当时在台湾大学教授外国文学的老朋友黎烈文和其他一些人见了面。这个美丽的小岛和我那些朋友，都给我留下了难以忘怀的印象。现在，我当然很高兴台湾读者也愿意读这些我所喜爱的书，并感谢台湾东华书局的盛情。

巴　金
一九八九年九月二十六日

第四部分

激扬文字[1]

1 收录巴金在四川大学前身之一的四川公立外国语专门学校学习时发表的部分作品。

1. 怎样建设真正自由平等的社会[1]

巴　金

近来“自由”、“平等”两个名词已成一般人的口头禅。但是问他们甚么是自由？他们回答说：“自由就是言论自由，出版自由，结社、集会自由，书信秘密自由。”甚么是平等？他们说：“凡是一国的国民在法律上个个都平等，没有什么尊卑的区别。”但这些绝对不是真正自由、真正平等。诸君不信，请看下文。

妨碍人民自由就是“政府”。自从有了政府后，我们的自由全然失去，一举一动都要受政府的干涉。我们想与世界的弟兄互相亲爱，但政府偏要我们爱国，叫我们去当兵，杀世界的同胞。在中国更不成了，甚至本国人杀本国人，像湖南、陕西、四川这几年杀得“血流成河，尸骨堆山”，惨不忍见。这都是政府给我们的好处。

那些资本家，垄断世界公有的财产，使我们贫民不能生活，政府不但不去罚他，反设法律来保护他。人民没有吃的，只得抢些来吃；没有穿的，只得抢些来穿；没有用的，只得抢些来用：这都是那些资本家强迫我们人民做的。但是政府又说我们是强盗，要拿我们去枪毙。我们固然不该，但不过把我们失去的财产夺些回来罢了，却要拉去枪毙，像资本家抢世界公有的财产，反安然活着。既不要人民抢人，便不得不流为乞丐。有时政府、资本家看不过了，把他们抢来的钱赏几个与贫民，却美其名曰慈善；甚至有些还要骂我们，说不去做工，却来要饭。

1　巴金：《巴金全集》（第十八卷），人民文学出版社，1993。本篇最初发表于1921年4月《半月》第十七号。署名“芾甘”。

诸君！未必我们不想做工吗？不过他不拿工与我们做罢了，却来骂我们。照这样看起来，前头所说的“自由”、“平等”，似乎与我们人民没有关系了！这样还算“自由”、“平等”吗？我绝不信世界上有这样的自由！这样的平等！但什么才是真自由、平等？我说：安那其才是真自由，共产才是真平等。要建设真自由、真平等的社会，就只有社会革命。

什么是安那其？安那其就是废弃政府及附属于政府的机关，主张把生产的机关及他所产的物品属于人民全体。人人各尽其所能，各取其所需，并依各人的能力去分配工作：能做什么就做什么，能做医生就做医生，能做矿工就做矿工；事容易的就可多做几点钟，事难的、苦的就少做几点钟。你要吃，就有个机关拿饭给你；你要穿，就有衣服给你；你要住，就有房子给你。人人都受平等的教育，没有智愚的分别。法国某安那其党说“每人每日作工二小时已足供全社会之需”；克鲁泡特金也说“每人每日作工四小时，都可支持全社会的生活而有余”。照这样看来，我想这样少的作工时间，绝没有人不愿的。

没有政府、法律，这才是真正的自由；没有资产阶级，这才是真正的平等。

劳动界的朋友们！你们看无强权的社会何等自由啊！何等平等啊！你们想建设这种自由平等的社会吗？那么就请你们实行社会革命，推翻那万恶的政治。那时，这自由平等的社会就要实现了！望你们赶快起来联合你们的朋友们啊！若是再一味的隐忍，那么，你们就要成为资本家的鱼肉了！你们不信，请看嘛！

2. 五一纪念感言[1]

巴 金

今天是甚么日子、我想诸位大概都知道的、简单说来、今天就是劳动者做人的日子、在一八八五年以前、欧美劳动者都是每天做十小时以上的工作、一天除了做工以外、就没有时间了、那资本家所享的种种快乐都与劳动者无关、但劳动者虽然每天做许多时间的工、所得的工钱反不够自己吃饭、至于穿衣更不消说了、那些资本家每天虽不做工、却吃得好、穿得好、住得好、他们吃剩了的饭、也没有劳动者吃的、穿剩了的衣服、也没有劳动者穿的、住剩了的房屋、也没有劳动者住的、简直不把劳动者当人了、一般的劳动者也以为这是天赐的、遂安安逸逸的给他们做工、并不敢反抗他们、这就是劳动者自以为不是人的日子、

到了一八八五年五月一日、美国全体工人举行大示威运动、总同盟罢工、为要求八点钟工作制、过了几天后、就有十几万工人成了功、于是这五月一日便成了美国工界的纪念日、从此以后、劳动者便晓得自己是一个人了、后来各国社会党遂议决把五月一日作为工界的神圣纪念日、每年这一天必停工一日举行示威运动、

在一八八六年、美国芝加哥的工人曾作出了绝大的牺牲、在这一天劳动者同警察冲突、警方开枪乱击、打得血肉狼藉、结果政府方面遂把这件事栽到社会党人身上、捉了八个社会党人、绞杀了四个、一个仰药自尽、其余的两个终身监禁、一个监禁十五年、这就是一八八六年美国的五一纪念日、

1 巴金：《巴金全集》（第十八卷），人民文学出版社，1993。本篇最初发表于1921年4月《人声杂志》第二号。署名“芾甘”。

上文把五一运动的历史简单说了、现在把我的感想、记在下面、

我以为人生下来必要劳动、不劳动便算不得人、那些资本家既不劳动、却又要想些法子来抢那些劳动者用血汗所得的报酬、像这样简直不是人、乃是“社会之敌”、但为什么他们能支配劳动者、使劳动者没饭吃、没衣穿啊、我知道了、是他们把自己抢来的钱、去养起那万恶的政府的缘故、若是我们要推翻他们、非先推翻那保障他们的政府不可、中国劳动界的朋友听着、你们要晓得你们从前所受的痛苦、并不是天赐的、实是你们不明白自己是什么、你们以为自己是十八层地狱的罪犯、其实你们是社会上的主人翁、你们既没抢人、又没害人、你们怕什么、你们有力量反抗他们、你们唯一的手段就是总同盟罢工、你们要晓得今天是你们做人的日子、望你们赶快起来举行大示威运动、争回你们的人格、推翻那万恶的政府和那万恶的资产阶级、你们没听见美国工人的大牺牲吗、他们何等的奋斗、何等的牺牲、他们是人、你们也是人、难道他们能够、你们却不能么、总之、以前的事、不必说了、从今天后、你们定要起来、定要把这“不入支那人清梦之五月一日”变成中国劳动界的神圣纪念日、只要你们肯牺牲、没有什么事做不成的、

俄国托尔斯太曾说过、“自由非赠品也、自由有代价、曰血与泪、”波兰廖抗夫也说过、“自由之代价、言之可惨、不过为无量之腥血耳、”你们想要自由吗、就请你们作出重大的牺牲、与其被资本家害死、不如为自由而战死、死得何等光荣啊、若是你们再忍受这种痛苦（或是忍见你们的同胞受这种痛苦）而不肯牺牲、那么世界的人道便灭绝了、你们的血也可以任意流了、那些自由平等的名词、都变成欺人的话了、所以我们当联合一般同胞、同那资本家奋斗、现在时候到了、望你们努力、你们要想从任人践踏的奴隶、成为真正自由的人民、都在乎你们的奋斗、牺牲、流血、你们肯这样做、我们也定要帮助你们、我们也定要同万恶的政府资产阶级奋斗、牺牲、流血、那时快乐的、光荣的、自由的、平等的、无政府社会就要实现了、朋友、朋友，你们快努力啊、

3. 世界语（Esperanto）之特点[1]

巴 金

自从柴门合甫把“世界语”供之于世后，如今有三十多年了。在这三十多年中，学“世界语”的人一天比一天的加多，用“世界语”著的书，也渐渐加多，并且听说俄国已承认它为世界的语言。这样看来，将来“世界语”必为世界人类公共的语言——这是预料得到的。

“世界语”之所以能受大多数人的欢迎，都因它有两大特点：一、结构完善；二、主义正大。“世界语”有了这两大特点，所以它能永为人类公共的语言。现在把它的特点一一说出来：

一、结构　世界语学者常常说，“世界语有六大特色，为各国文字所没有的”：

A. 各国文字往往有不发音的字母，“世界语”却字字都有音，并且它的重音都在末第二音上。

B. “世界语”每一字必有一定的语尾，看它的语尾，就可晓得这字是名词或动词。如amo：爱（名词）；alila：可爱的（形容词）；ame：可爱的（副词）；amas：爱（动词现在式；过去为amis；将来为amos；假定为amus；命令为amu），这样记一字就可以记几个字。

C. 他国文字中常有一字数义或数义一字，但“世界语”一字只有一义。如英文order一字就有四个意思：1. 命令；2. 次序；3. 勋章；4. 邮便汇票。在“世

1　巴金：《巴金全集》（第十八卷），人民文学出版社，1993。本篇最初发表于1921年5月《半月》第二十号。署名“芾甘”。

界语”就分成四字：1. instrukcio；2. ordo；3. ordeno；4. mandato。

D. “世界语”中每一字加以“接头词”或“接尾词”就可变出许多新字来。如1. patro：父，patrino：母；2. tranei：割，traneilo：小刀；3. amiko：友，malamiko：仇；4. anarkio：无政府，anarkisto：无党人。

这类的字太多了，只好举一两个例。

E. “世界语”的文法是极简单的，所以凌霜先生说，“世界语”的文法，费一天的功夫就可完全学会。

F. “世界语”的字是极少的。现在世界上最占势力的各国国语，其含有字数如下（其实字数尚不止此）：

英语：260 000字　　德语：80 000字

俄语：40 000字　　法语：30 000字

西班牙语：20 000字　　意大利语：45 000字

华语：49 000字（以上据胡学愚君统计）

“世界语”只有二千六百多字，比英语少一百倍，比德语少四十倍，比法语少十几倍，比华语少二十几倍。学“世界语”几月就可学会了，这岂不是最便利的事么？

二、主义“世界语”的主义在何处呢？柴氏著《希望歌》有一节说：“基于世界语（或作中立语）人人皆相识，彼此均辑睦，组织大家庭”（见区声白译文），这就是世界语主义。

“世界语主义就是在使不通语言的民族，可以互相通达情意，而融化国家、种族的界限，以建设一个大同的世界。”

世界语的结构何等完全！世界语的主义何等正大！

今欧战告终，和平开始。离世界大同时期将不远矣。我们主张世界大同的人应当努力学“世界语”，努力传播“世界语”，使人人能懂“世界语”；再把“安那其主义”的思想输入他们的脑筋，那时大同世界就会立刻现于我们的面前。现在我们该做的事，没有比这事还要重大的了。同志诸君，我们应当努力向前！奋斗，开世界大同之路！

4. I. W. W. 与中国劳动者[1]

巴 金

一

我们现在尽管一味的空谈“劳动运动”，究竟对于中国劳动者有什么益处？我们尽管大吹特吹“劳工神圣”，难道劳动者享受过这“神圣”的幸福吗？“五一劳动节”这名词传到中国人耳里，也有几年了。但虽有几家报纸大大的鼓吹，究竟有几个劳动者懂得！照这样做下去，将来能得到什么效果？我们鼓吹“劳工神圣”的人，还不觉悟吗？

我相信美国的I. W. W. 是有益于中国劳动者的，故特把它介绍过来。

二

I. W. W. 是“The Industrial Workers of the World”的缩写，译成中文就是“世界产业劳动者同盟”。它是现在美国最占势力的一个劳动组合。美国这几年所发生的同盟罢工，差不多都与它有关系。它的势力几乎可支配美国全国。美国政府和资本家把它当作眼中钉，要消灭它，但大多数人是要信服它的，所以把政府弄得没法。总之，我敢说，将来美国的社会革命必定由它起始。

1 巴金：《巴金全集》（第十八卷），人民文学出版社，1993。本篇最初发表于1921年6月《半月》第二十一号。署名“芾甘”。

它起源于一九〇五年。那年秋间在美国有六个狠热心的劳动运动者开了一次会议，讨论当时美国工人的情形，并决定在第二年开一次大会。到第二年又约了三十多个劳动运动者，开了一次秘密会议。同年六月在芝加哥召集了一次劳动大会。那日赴会的有代表八十六名，所代表的劳动团体有三十四个（会员有几万人）。讨论了两星期，遂成立了一个团体，——就是最有名的I. W. W.。

三

I. W. W. 的主义和法国的工团主义狠相似，故有人说它是“美国的工团主义”。

它起先便主张打破资产阶级，它以为不把资产阶级打破，劳动者便不能得真正幸福。因为“国家”、“政府”、“法律”都是保护资产阶级的东西，所以它又主张打破这些怪物。

它以为资产阶级绝对不能和劳动阶级调和。必定要等劳动者把土地和生产机器取夺回来。并且必至消灭“工资制度”而后止（《I. W. W. 旨趣书》第二段）。

它以为打破资本主义，必须组织生产军：一面可同资产阶级战斗；一面为将来资产阶级推倒后处理生产品之用（同上末段）。

它又主张“联络一切产业的全体劳动者，协同一致，组织产业的劳动组合，一遇某产业有同盟罢工，或厂主闭门不纳等事情，各产业当共同一致援助，视一部的利害为全体的利害（同上第四段）。

它对待资本家的手段就是“总同盟罢工”，这是他们最有效力的武器。若同盟罢工不能胜的时候就代之以“怠业”。

以上都是它的主义，也就是它的特点。照这样看来可见它是最好的劳动组合。不过我有点不满意它的地方：因它的组织是中央集权的，执行机关之理事会的权力狠大，可以任意命令某组合起同盟罢工。——这个缺点或者因为它的会员尽都是不熟练劳动者的缘故。

总之它是以激烈的手段，创造他们理想底真自由平等无强权的劳动者世界。

四

中国劳动者现在最需要的，就是纯粹劳动者组织的团体。这缘因，只举一个例就可明白了。如某工厂工人因工资太少的缘故发起全体罢工。但他们回到家，屋里又没有米了，若再不做工，又怎么能吃饭？然而他们的厂主，又要另外去招一起工人，他们便不得不去恳求他们的厂主收留他们，这回就完全失败了。这样看来，就可知道要救中国的劳动者，必定要先使他们自己起来组织一个极大的革命劳动团体，同心协力，打破“国家”、“政府”、“法律”等制度，推翻劳动者的最大敌人资产阶级，再把生产机关及其产物收归劳动者所有。

这是最好的方法。I. W. W. 的目的就是这样。可见它和中国劳动者的关系是再重大没有的了。

资产阶级的世界，快到末日了，劳动者的世界快来了。中国的劳动者，速速从好梦中醒来！联合你们的同胞，解决你们自己的问题，庶几能生存于将来的世界，再不可做时代的落伍者了。

5. 给袁诗荛的信[1]

巴 金

诗荛兄：

来信收到。

《革命》印刷交涉失败，洪先生说要检查后才能印，我们这样东西怎么能送去检查呢？版已排好，结果由我们付了六元半钱的版费（此是先忧去交涉的，详情可问他），现在大约油印出版。

《利群》停门事，先忧要告诉你。

《社会运动》只出了两期，第一号我这里没有（成都也没有见过这书），第二期重庆某君寄了几份来（他说，全的只是这几份，其余的不是没有第一号，就是没有第二号，总清不齐全五张），故现只寄上一份，请查收。《兵的说话》现寄上几份，其余稍缓再寄。

得"人道学社"（汉口）通告，谓北京同志陈德荣等二君在京被捕，不知何故，俟探得时再报。

在远东运动会场散传单被捕的同志，自公堂判坐西牢十年（持平一人），半年（革生、唯奇等三人）（华清语多乞怜，故未得坐西牢，其余的四人皆不肯低首于民贼之前，故都判坐西牢）后，经天研、危舟、介眉等筹款六百五十元（半为"适社"印刷费，半由同志筹集），请律师辩护，费了九牛二虎之力始于前日覆讯，结果，还是无效，而律师费已去，奈何，奈何！

---

1 中共绵阳市委党史工作委员会：《忠魂颂：绵阳市党史人物选集》，中共绵阳市委党史工作委员会，1986。本信写于1921年暑假袁诗荛从国立成都高等师范学校毕业回四川南充任教之后，题目为编者所加。

天研著了一部问答书，解释吾党学说非常详细，现归泰东书局出版，版权作送，两月内出书。

上海近来成立了个“安那其同志社”，有宣言发表，俟到时再寄与你。

武汉“明社”已成立，为武昌、汉口、汉阳三处同志所组织，宣言尚未印好。请了。

祝你努力！

芾甘

6. 爱国主义与中国人到幸福的路[1]

巴　金

一

现在中国的社会黑暗到了极点，一般的青年人处在这种势力下面，被它弄得全无生气，力量薄弱的只能顺世堕落，不敢稍有反抗；稍有血气的也只有忍气吞声，听命于天，即或有时实在受不得了，也只有往自杀那条路走，从没人敢反抗的。因此一天一天的弄下去，竟成一个麻木不仁的中国，哪还有幸福之可言？现在有一般较为觉悟的青年，以为要把中国弄好，非提倡“爱国主义”不可，因此就把“爱国主义”当作中国人到幸福唯一的路，于是“爱国主义”之声遍于全国。我以为这种现象实在可怕。我承认“爱国主义”是人类进化的障碍，我既为人类中之一份子，便不能昧着良心不去反对它，故不得不驳它一下，并且把我的“中国人到幸福的路”的意见写下来。以下的话，都是本良心说的，我想这样大的中国，也许有几个不肯昧良心的人给我表同情——这并不算是苛求罢。

二

爱国主义究竟是甚么？托尔斯太说得好：“爱国主义者，杀人之制造场也，

1　巴金：《巴金全集》（第十八卷），人民文学出版社，1993。本篇最初发表于1921年9月1日《警群》第一号。署名“芾甘”。

其所练习者，杀人之术也，其所讨论者，杀人问题也，与平民生活无与焉。”这句话初看起来觉得无甚道理，若是仔细看下去，“爱国主义”的精义都在这里了。我们人类除却一般没良心的军阀政客外，没有一个不反对战争、诅咒战争的，但我们考察战争之起源，却是由于“爱国”。假使人类互相亲爱，欢欢喜喜的一伙做事，哪里还有战争呢？自从“兽欲时代”产生了国家后，就有所谓“爱国主义”出现，其原因，其作用，无一处不是作伪、自私、自利。这一国的政府想扩充它的土地，不惜牺牲人民的性命去发挥它的兽欲，叫人民去给它侵伐别国，若是打胜了，只有那般军阀政客享快乐，打败了，几百万的军费哪一些不是平民的脂膏？到底于平民有什么利益？可怜的平民，他哪里知道所谓爱国主义就是杀害他们最亲爱的父子兄弟姊妹的武器呢？还有一事足以证明“爱国主义”是个杀人的怪物，就是在十九世纪末叶，德国政府奖励人民的爱国热诚，并且实行征兵制度，全国的壮年男子，都应服务兵役，就是文人、教士也要做杀人的事，听军阀政客的指挥，去杀他人，一旦有工人罢工等事发生，亦在该杀之列，有时甚至于杀自己的父母兄弟。唉！要是这样还不算暴虐、残忍，我恐怕世界上没有暴虐残忍的事发生了。

三

上文把爱国主义驳了，我的意思以为爱国主义的发达，绝不能使中国人享幸福，只有使中国人越受痛苦。中国人要寻幸福只有一条路可走，要想走那条路，非先把下列的几种制度推倒不可。这些制度是什么呢？

一、政府。政府是一种强权机关，是保障法律的，它只有杀害我们，掠夺我们的衣食住，又能侮辱我们，帮助资本家杀害贫民的。我们人类本是自由的，它却造出许多法令来束缚我们；我们是酷爱和平的，但它却叫我们去战争；我们本应同各国同胞讲互助，但它却叫我们讲竞争。它种种举动都和我们多数人类的意思相反，从没有做过一件有益于我们的事情。而且它最大的坏处，就是爱国主义的根据地。我们要想寻幸福，第一步就要推翻它。

二、私产。私产是掠夺的结果。财产本来是人类公有的，乃有一二强有力的人，用他们的强力同知识，把公有的财产据为己有，遂使一般较弱的人流离失所，又用金钱收买别人劳力，替他们生产，所生产的物品，劳动者丝毫都不能用，他反享尽快乐。世界上不平等的事，这算是第一。且有私产，一般人遂起争夺的念头，欺骗盗贼的事常常出现，民众的道德扫地尽矣。我们又考察政府之所以能维持久远，都是有私产的缘故，我们能把私产制度废去，那政府也就容易推翻了。

三、宗教。宗教是束缚人群思想、阻碍人群进化的东西，我们要想求真理，他却教我们迷信，我们要进取，它却叫我们保守。一般耶教徒说："上帝是万能的，上帝是真理、正道、善良、美好、势力、生机，人类是诈伪、不平、罪恶、丑陋、无能、死；上帝是主人，人类是奴隶。人类不能自己找公正、真理，永久的生机只可由神力暗示之。上帝创造世界，那些君主、官吏等都是上帝派下的，是上帝的代表，所以人民应为吾主官吏的奴隶。"（英皇查理士第一说的"君权天赋"就是这个意思。）这就是耶教的精义。耶教为宗教中极有势力之教，尚且如此，其他可想见了。巴枯宁说得好："若然有上帝，我们也应把他来毁灭。"我们起来试试罢！

四

上面所列几种，都是我们的敌人，我们到幸福路的第一步，就要推倒这些。这些东西消灭后，再分配财产，自由组织，互相扶助，各尽所能，各取所需，各图众人之利益，众图个人之安宁。这岂不是幸福吗？但我们要先出代价，然后能得到这幸福。这代价是什么？就是无量数的热血。巴枯宁曾说："人生到世间，最痛快、最愉乐的事，莫有过于革命的事业！你们都一想，与其蜷伏于淫威之下苟延残喘而幸生，何若磊磊落落、赌一点自由新血，与魔王破釜沉舟一战而亡！"这话说得何等痛快！何等壮烈！我愿我们的朋友和我们预备着满腔的热血，来干这最痛快、最愉乐的革命事业，齐向这幸福的路上走！

7. 被虐待者底哭声[1]

巴　金

一

被虐待者底哭声何等凄惨而哀婉呵！
但能感动暴虐者底残酷的心丝毫吗？

二

天公！
　想你也不忍听被虐待者底哭声了，
　不然你怎么会流出这许多的眼泪哟？

三

战胜者！
　留心你底失败的敌人底悲哀！

1　巴金：《巴金全集》（第十八卷），人民文学出版社，1993。本篇最初发表于1922年7月21日《时事新报·文学旬刊》。署名“佩竿”。

四

在睡梦中的人们！
　不要过于快乐罢，
　你应当知道将来还有梦醒的时候。

五

真正的爱，
　也许只在小孩底天真里藏着罢。

六

听高树上不停地叫着的蝉声，
我便明白人生底真义了。

七

雨呵！落罢，不停地落罢！
把这世界洗成一个极美丽的罢！

八

火一般的悲情在我底心里燃烧着，
我怎么能不瘦呢！

九

小孩子底天真
　与老年人底经验，

是何等地相反的呵！

十

一株被花匠扎过了的梅花
在盆里死了。

十一

风能吹燃的，
水能淹灭的，
　不过是寻常的火罢了；
　但这是我底心里底火呢！

十二

青年人！
　要想美丽世界底实现，
　除非你自己创造罢！

8. 路上所见[1]

巴 金

一只瘦的牛负着几袋米[2]在前面走着，
一个雄壮的人拿着鞭子在后面跟着，
牛似乎负不起这几袋米了，
它的步子越走越慢[3]，
却恼了后面的人；
“一！二！”鞭子举起而且打在牛背上了，
牛惊了，跳了一下，又向前急行了几步，
但它终于不能走了。
只是可怕的鞭子又举起了。

1 巴金：《巴金全集》（第十八卷），人民文学出版社，1993。本篇最初发表于1922年9月11日《时事新报·文学旬刊》。署名“佩竿”。

2 最初发表时漏“米”字。

3 最初发表时为“步武愈走愈慢”。

9. 致《文学旬刊》[1]

巴 金

……

我很希望《文学旬刊》能改出周刊，因为现在中国的文学刊物只有《小说月报》、《创造》、《文学旬刊》三种。《创造》是季刊，每三个月出版一次，时间太久了，并且还不能如期出版。《小说月报》要一月才出版一次。《文学旬刊》虽然十天出一次，但每次只有一小张，登了几篇文章就没有余地了，所以每回要目预告要登的文章总不能照样登出。若改出周刊每月要多出一张（有时还多两张），要好多了。并且于《学灯》也无什么损失。想来总能实行的。

近来《礼拜六》、《半月》、《快活》、《游戏世界》等等杂志很发达，不能算是好现象。但是这也是应该的，因为中国现在的社会黑暗到了极点，所以这种东西才能受人欢迎。西谛君说得好："所以我觉得我们现在的工作……乃在于与这腐败的社会争斗，积极的把他们的那种旧眼光变换过。"

有一些人说中国现代的"新小说"（指《小说月报》等杂志所登的创作品）不容易懂，所以一般没有高深学识的人看不懂这些才去看《礼拜六》等杂志。其实《小说月报》的创作只要读的时候稍稍用点心，就看懂了。无奈一些中国人总恨时间多，只是找消遣的事做，只是游玩、闲耍，舍不得用一点心，所以才不喜欢看非消遣的小说。我以为现在最好一面做建设的工作，一面做破坏的工作；双方齐进，那末就可得很大的效果；将来中国文学便可立足于世界文学之间，并能

1 巴金：《巴金全集》（第十八卷），人民文学出版社，1993。本篇最初发表于1922年9月11日《时事新报·文学旬刊》。署名"李芾甘"。

大放光明。这就是我的意见。

我很希望你们与我常通信教导我。

西谛君的《悲鸣之鸟》[1]何等沉痛呵！我读这篇时已陪了不少的眼泪了。

1 《悲鸣之鸟》：发表于1922年5月1日的《时事新报·文学旬刊》。

10. 可爱的人[1]

巴　金

在一个阴雨的早晨，我因为一件要紧的事，要到我的友人家里去。这时雨还是不停地落，天色也阴黯。我知道要等雨在短的时间停住，实在是不可能的事；便不得已的叫了一乘轿子来。

两个轿夫抬着我慢慢地在街上走着。街很寂静，仿佛在寻常的夜里一样。除却两三个打着雨伞穿着革履的先生们，和戴着斗篷，下面赤足的劳动者而外，就没有看见什么了。但偶尔还有一乘三四个轿夫抬着的，四面都围着雨帷的轿子走过。我这时能听见的：就只有雨点滴在轿顶上和轿夫的斗篷上的响声，革履的橐橐声，赤足在水中走的声；至于寻常听见的闹声，叫卖声，笑声，哭声，说话声，现在都没有了。我在轿里想想："真寂寞呀！出门时又忘了带本书，不然还可以在轿里翻看。这样长的街怎么能一时就走完了呢？"我觉得有些烦恼了，便开始悔恨我一时的疏忽了。

又走了一阵，我偶然抬起头来，我的目光正射在前面的那个轿夫身上：他背上的短衣已被汗浸湿了；他的年龄像是很小；他口中这时正发出一声微微的叹息，似乎抬不起这轿子的样子。这时忽然有一种思想来到我心里。我于是又想道："我因要到友人家去商量要事，才受这样寂寞的痛苦。但轿夫呢？他们要到那里去做什么？为什么他们又要抬着我去呢？……看他们的样子似乎抬不起我了，为什么又不敢把我放下呢？……

1　巴金：《巴金全集》（第十八卷），人民文学出版社，1993。本篇最初发表于1922年11月1日《时事新报·文学旬刊》。署名"佩竿"。

“在这样大雨的日子，谁又不愿在家中安逸地玩耍，却跑到冷静的街上呢？……”雨越落大了。他戴着的斗篷周围都流水了，他的衣裤都被雨飘湿了，他的赤足在一两寸深的冷水里“花浪”、“花浪”地走着。这时我又忆起一件事了：几年前的一日，我从学校里刚要动身归家，忽落着雨，我没有穿革履，又没有见着轿子，只得借了一把伞脱了鞋袜赤足走回家。我的母亲知道了，急忙叫人烧水与我洗足；并且嘱咐我以后切不可再这样做。现在他在冰冷而且很深的水中走着，为什么他的母亲又不阻止他，却听他这样做呢？……或者他的母亲不爱他罢？

“你有母亲吗？”我不知不觉地就说出这句话。

“先生！我有母亲，她现在家里。”他居然不迟疑地答应说。

“她不爱你罢？”

“她是很爱我的。”

“但是为什么她听你在这样大雨下面的街上走着呢？为什么让你赤足在冰冷的水中走着呢？”

“先生！我们穷人无论什么苦的事都要去做，赤足在冷水里走，算得了什么事？我、已习惯了，并不要紧的。当轿夫的在大雨下面怎么又能不抬轿呢？我的母亲今天看见这样的大雨，本不要我走的；但是今天我不出门找点钱回来，明天又有什么钱来买米呢？我今天出门的时候，她还叫我早些回去，说只要把明天买米的钱找够就是了。今天雨落得这样大，街上的行人都很少，不知能不能够呢？”他的声音里带着失望了。

“这时还早得很，不要紧！”我说了这句话来安慰他，但是他并没有喜色。他这时似乎说得高兴了，又接着往下说：

“我家里还有两个妹妹，一个兄弟，年纪都不大。我的父亲是去年三月死的，他也是一个轿夫，有四十多岁。他又吃鸦片烟；他原来本不吃，自从前年大病刚好后才‘动手’[1]吃的。

“母亲曾经劝过他，他说若是不吃，就没气力抬轿子了；我母亲只得由他。起初瘾还小，后来却大了。所以时常钱不够用，他每天从早晨出去，一直抬到夜里二更的时候才回来。后来得痨病死了。我当轿夫正是他死的那年动手的。那时我才十九岁，今年二十了。我的母亲本可补点衣裳，但是她前几天得病，今天还没有全好！这几天就靠我一个人找钱来供家了。”

1　动手：这里是开始的意思。

"你一天找的钱够用吗？"

"有时不够用，那就只有吃稀饭了。一个月里总有六七天要吃稀饭，先生！你没看我这样的瘦么？李家二少爷——我常常抬过他的——他的年纪与我一样大，但他却比我胖得多呢。我每回抬他过后，回来总要喘气许久。不过他每回的轿钱总比别人给得多些。我们都愿意去抬他。……"

"你读过书吗？"他刚说到这里，我忽然说了这句话。

"我读过几个月，因为没有钱就没有再去读了。我读了一本《三字经》，《千字文》也读了小半本。我还记得《三字经》的起头是'人之初，性本善'咧！我想若是多读几年书，那我就可以同小的时候同我住在一个院子里的张三哥一样：在什么营里当什么师爷了。现在也不来抬轿子了。唉！这也是我的命该这样的。

"我不晓得我前世造了什么孽？菩萨罚我来受这样的罪。我记得昨天我们抬一个先生到青石桥街去，我抬前头，本来应该给我二百文的轿钱，哪晓得他下了轿，只给了一百四十文。我去请他添三十文，他不但不添，反骂了我一顿；我这时说了一句气话，他听了打了我两个耳光。他又说要叫'警察局'[1]来拉我到厅里去。我们向来怕'警察局'，因为他是专欺我们穷人的。[2]我听见这话，心里有些怕了；只得拿了一百四十文钱走出来。我将走出门的时候，还听见他骂我'该死的'声音。我想我死了还要好些，免得生着受活罪。……不过我死了，我的母亲又靠着谁人来养活呢？还有兄弟妹妹呢？……"

我听到这里，几乎要哭了。或者可以说我简直被他的话所占有了。我心中只是愤怒，只是悲哀，只是忧愁。我觉得他很可爱，虽然他每天的生活只有苦痛，但是他的心是很纯洁的，决没有害人利己的思想在他的心内藏着。他比那些戴着假面具的恶魔至少总要好一百倍罢！我对于他只有崇拜。我几乎要发狂了。

这时已到友人家里。下了轿，把轿钱交与这个轿夫后，就被一个人领我到客厅里了。

从此这个可爱的人的悲惨的故事，好像印在我心上似的，不知何时才能消失呢。

1922，9，3，夜。

1　成都劳动阶级的人呼"警察"为"警察局"。
2　这话是实在的。并不是我说的。

11. 梦[1]

巴　金

我有一次到了一个很宽广的地方。
在灰色的天底下面，
我看见污泥的地上
横卧着许多的人。
他们是昏睡着的，
脸上还带着欢乐的颜色；
只是他们底身体已经瘦得不成样了，
他们底衣服已烂得不能蔽体了。
并且一身都是污泥。
我这时实在不愿意看了，
急忙把头掉过去；
但是各处都卧着这样的人呵！
只有把眼闭着了罢！

忽然听见了一种很微弱的呼声，
“起来呀！”“起来呀！”
我又睁开眼看：

1　巴金：《巴金全集》（第十八卷），人民文学出版社，1993。本篇最初发表于1922年11月21日《时事新报·文学旬刊》。署名“佩竿”。

一个穿着绿衣的人，
站在他们中间叫着。
他只是叫，但却没有应声，
也没有一个人被他惊醒。
他叹了一口气，又尽力地大叫一声，
有一两个人在翻身了；
但他们打了几个呵欠，又睡着了。
“起来呀！”声音更微弱了。
他忽然倒了。
眼也闭着了，口里发出微弱的叹息。
现在他完全躺在污泥里了。
天全然黑暗了，
一切都看不见了。

12. 疯人[1]

巴　金

假若有一个极富的人，
　将他所有的金钱
　散与一切的贫民；
　这时一般人定说他是疯人了。
但是现在世界中正需要一个这样的疯人呵！

假若有一个商人，
　将他所有的货物
　散与一切的贫民；
　这时一般人定说他是疯人了。
但是现在世界中正需要一个这样的疯人呵！

假若有一个大田主，
　将他所有的粗米
　散与一切的贫民；
　这时一般人定说他是疯人了。
但是现在世界中正需要一个这样的疯人呵！

1　巴金：《巴金全集》（第十八卷），人民文学出版社，1993。本篇最初发表于1922年11月21日《时事新报·文学旬刊》。署名“佩竿”。

我决意要在现在世界中，
　寻出一个——只寻出一个——疯人，
　但是失败了；
因为我是生在这聪明人的世界中呵！
这世界中已没有一个疯人存在了。

13. 惭愧[1]

巴 金

“少爷，给我一个钱罢！
可怜我两天来都没有吃东西呵！”
路旁一个老丐底凄惨而且微弱的叫声，
深深地打入我底心坎里。
我便漠然地伸我底手进衣袋里，
摸索了许久，——许久，
但终于没有摸出钱来。
他呢？失望了，
他底眼紧紧地望着我。
我将什么礼物赠他呢？
只得无力地看了他一眼，
低下头儿走了。
可是我底心上便永远留有“惭愧”的痕迹了。

1 巴金：《巴金全集》（第十八卷），人民文学出版社，1993。本篇最初发表于1922年11月21日《时事新报·文学旬刊》。署名“佩竿”。

14. 丧家的小孩[1]

巴　金

“呵！看卖人呵！”
一阵微风吹过来的
带着轻蔑的笑声，
引诱着我底目光向前了。
一个约莫十一二岁的小孩，
穿着一件极褴褛的衣。
乱发莲蓬的头上，
插着一个草标儿。
他底小脸是深黑的，
好像许久没有洗濯的了。
他底身躯是很小的，也很瘦的，
我知道他已许久没有吃过饱饭了，
街上的人都笑他，厌他；
却没有一个可怜他。
因为他已是一个丧家的小孩，
没有母亲保护的人了。
没有母亲保护的，丧家的小孩，

1　巴金：《巴金全集》（第十八卷），人民文学出版社，1993。本篇最初发表于1922年11月21日《时事新报·文学旬刊》。署名“佩竿”。

在这世界中是任人践踏的。

（这是我眼见着的一件实事）

15. 信号[1]

（俄国）迦尔洵　著　　巴　金　译

谢明·伊凡诺夫是铁路上的查道夫。他的道房跟一个车站的距离是十二个维尔斯特[2]，跟另一个车站的距离是十个维尔斯特。离他这儿有四个维尔斯特光景的地方，去年开办了一所大的纺织厂；它的高烟囱黑黑地从树林后面耸起来，可是在这附近，除了别的查道夫的道房外，就没有人烟了。

谢明·伊凡诺夫是一个有病的而且身体很差的人。九年前他参加了战争，给一个军官当勤务兵：他一直把他伺候到战事结束的时候。他挨过饿，受过冻，又让太阳烤过，并且在大热天或者大冷天作过四五十个维尔斯特的行军。他也在炮火下面待过，可是，感谢上帝！没有一颗子弹打到他的身上。有一回他的部队是在第一线上。他们跟土耳其人整整打了一个星期的小仗：俄土双方的前线中间就只隔了一条深的峡谷，从早到晚枪声一直不断。谢明的长官也在前线；谢明每天三次从峡谷里部队的厨房里给他送来冒热气的沙莫瓦尔[3]和他的午饭。谢明捧着沙莫瓦尔在没有掩蔽的露天下面走着，子弹带着吹哨声在他四周飞来飞去，打在石头上面，骇坏了谢明，他哭了，可是他仍然往前走。军官们非常喜欢他：他常常使他们有热茶喝。他从战场回来，没有带一点儿伤，只是手脚痠痛。从这时候起他受了不少的苦。他回到家——老父亲去世了；四岁的小儿子也死了（害喉

1　巴金：《巴金译文全集》（第六卷），人民文学出版社，1997。本译文最初发表于1922年成都《草堂》杂志，题为《旗号》，署名“佩竿”。1950年10月，巴金重新翻译此文，改题目为《信号》。

2　维尔斯特：俄里，一俄里等于一〇六公里（一千零六十公尺）。

3　沙莫瓦尔：即茶具，一种连带着火炉的铜制大茶壶。

症死的）；就只剩下谢明和他妻子两个人。他们在田上干不了活。用他那发肿的手脚去耕田是很困难的。他们没法在自己的村子里头再待下去，便动身到新的地方找机会去了。谢明和他妻子在赫尔森和冬新拉那条路上待了一个短时期，可是没有一个地方碰到运气。随后他的妻子便出去做用人，谢明还是照以前那样飘来荡去。有一回他偶然坐了火车；在某一个站上他看见那个站长好像是他的一个熟人。谢明望着站长，站长也看着谢明的脸。他们互相认出来了。站长是谢明的那个部队里头的一个军官。

"你是伊凡诺夫？"他说。

"的确是，大人，就是我。"

"你怎么到这儿来的？"

谢明一五一十地全对他讲了。

"你现在到哪儿去？"

"我不知道，大人。"

"傻瓜，你怎么可以不知道呢？"

"的确是，大人，因为我没有地方可去。大人，我得找个工作。"

站长望着他，想了一忽儿，便说：

"喂，朋友[1]，就在这个站上待一阵罢。我想，你结过婚了？你的老婆在哪儿？"

"的确是结过婚了，大人；老婆在库尔斯克城，在一个商人家当用人。"

"好的，就写信给你的老婆叫她到这儿来。我给她一张免费票。我们这儿有个查道夫的道房空着，我替你在段长那儿讲一声。"

"多谢，大人。"谢明答道。

他在站上待下来，在站长的厨房里帮忙，砍柴，打扫院子，打扫月台。过两个星期他的妻子也来了，谢明坐了手推车到他的道房去。这是一个新的道房，很暖和，而且柴火要多少有多少；有一个小小的菜园，这是以前的那个查道夫留下来的，在轨道的两边各有半结夏吉纳[2]光景的耕地。谢明非常高兴；他开始在想自己种点田，买一头公牛，买一匹马了。

所有的必需的东西他们都给了他：绿旗、红旗、提灯、喇叭、铁锤，专为螺

1　朋友：原文是"兄弟"。和我们的"朋友"意思同。

2　结夏吉纳：俄亩名。一结夏吉纳等于一〇九公顷。

旋帽用的螺旋钳、铁杆、铁铲、扫帚、螺钉、钉子；他们还给了他两本规程和一份行车时刻表。起初谢明夜里睡不着，他把整个时刻表都记熟了。每一班车到来以前两点钟，他总要在他那个地段里面各处去走走看看，坐在他的道房门前一个凳子上，注意地看着，听着，铁轨是不是在颤动，火车声是不是听得见。他连规程也记熟了；虽然他还是靠着把一个字一个字慢慢地拼出来读下去的，可是他仍然记熟了。

这是在夏天，工作并不繁重，用不着去扫雪，这条线上火车来去很少。谢明每天两次照例走一个维尔斯特的路，去查看路轨，在各处把螺旋帽旋紧，平平路基，看看水管，然后走回家去料理他自己的事情。这儿只有一个不好的地方：便是，即使他想做一件芝麻大的小事，他也要先得到稽查的许可。谢明和他的妻子都有点厌烦起来了。

过了两个月的光景，谢明开始跟他的邻人（别的一些查道夫们）认识了。一个是上了年纪的老工人，当局一直在打算解雇他：他很少走出他的道房来。照例是他的妻子在做他的工作。另一个查道夫的岗位离车站更近，他是一个年轻人，很瘦，可是结实。谢明第一次碰见他，是在两个道房中间的铁路上查路的时候；谢明揭下帽子，鞠躬。

"你好呀，邻人，"他说。

邻人斜着眼睛看他一眼。

"你好，"他说。

他掉转身，走开了。后来两个女人遇见了。谢明的妻子阿利娜向邻人问好；那个邻人也没有讲多少话就走了。有一回谢明看见了她。

"喂，大嫂子[1]，"他说，"你的丈夫是个不爱讲话的人？"

那个女人起初不做声，后来才说：

"他有什么话跟你讲呢？各人有各人的事……上帝保佑你。"

然而又过了一个月的光景，他们却成了朋友了。谢明跟瓦西里一块儿去查路，他们坐在路边，抽着烟斗，谈着自己的生活。瓦西里老是不大讲话，可是谢明却一直在讲他的村子和他亲身经历过的战事。

"我一生受了不少的苦，"他说，"可是上帝知道我还没有过够那种日子。上帝没有给过我幸福。上帝要给谁好运，谁就会得到好运。事情就是这样，老

1　大嫂子：原文是"年轻的女人"。

弟，瓦西里·司节潘尼奇。”

可是瓦西里·司节潘尼奇在铁轨上敲出烟斗里的烟灰，站起来，说道：

“紧跟着我们一辈子的不是好运，却是人们。世界上再没有比人更凶恶，更残忍的野兽了。狼并不吃狼，可是人却活生生地吃掉了人。”

“喂，朋友，不要这样说，狼是吃狼的。”

“我想到什么话，我就说出来了。然而生物里头再没有比人更残酷的了。要是没有人的贪心和坏心——生活就过得下去了。每个人都狠狠地刺你，都想咬你，吞掉你。”

谢明想了一忽儿。

“我不知道，朋友，”他说，“也许就是像你说的那样，也许这是上帝的意思。”

“那么也许，”瓦西里说，“我跟你谈话是白费时间了。把一切的坏事都写在上帝的帐上，自己却坐着受苦，朋友，这不是人干的事，这是畜生干的。这就是我要讲的话。”

他也不说一声再见，就转身走了。谢明也站了起来。

“邻人，”他叫道，“你为什么要发脾气呢？”

邻人并不回过头来，却只顾朝前走了。谢明把他望了许久，等到瓦西里在双岔道上转了弯望不见了，才回家去。他到了家便对妻子说：

“喂，阿利娜，我们的邻人是坏蛋，不是一个人。”

然而他们并没有吵架；他们又遇到了，跟以前一样地谈着同一个题目。

“啊，朋友，倘使不是为了人们，我跟你，我们就不会坐在这些道房里头了。”瓦西里有一回这样说。

“道房怎么样……没有关系，可以过下去。”

“可以过下去，可以过下去……唉，你！活得久，学得少，看得多，见到的少。一个穷人住在这儿或那儿的道房里头，过的是一种怎样的生活啊。这些食人者正在吃你。他们在吸光你所有的精血，等你变老的时候，他们就把你扔掉，像他们对付他们拿来喂猪的油渣一样。你有多少工钱？”

“不多，瓦西里·司节潘尼奇。十二个卢布。”

“可是我有十三个半卢布。请问你，为什么这样呢？照规程局里应当给我们每个人十五卢布一个月的工钱，外加柴火灯油。谁规定你应当拿十二卢布，我拿十三半卢布呢？请问你？……可是你说，可以过下去。你要明白这不是一个半卢布或三个卢布的问题。就算他们把十五个卢布全给了我们也罢。上一个月我在站上；局长坐车经过那儿，所以我看见了他。我有这样的光荣。他挂了一辆花车；他走到月台上来，站在那儿……是的，我不会在这儿待久的；我要走，一直朝前面走。”

“你到哪儿去呢，司节潘尼奇？人不会丢掉一个好处去找另一个好处的。你在这儿有家，有温暖，还有一小块地。你的老婆是一个工人……”

“地！你得看看我那块地。上面连一根细枝条也没有。春天我种了点卷心菜，就在那个时候稽查来了。他说：‘这是什么东西？为什么不报告？为什么没有得到许可就做了？给我连根全挖起来。’他喝醉了。在别的时候他不会讲一句话，可是这一阵他却想到了……三个卢布的罚款！……”

瓦西里沉默了一忽儿，他接连抽了好几口烟，然后小声地说：

“他再多讲几句，我就会把他打死了。”

“喂，邻人，我对你说，你太暴躁了。”

“我并不暴躁，不过我是在老老实实地说，老老实实想罢了。可是我仍然要给点颜色给他瞧！我要到段长那儿控告去。你等着瞧罢。”

他的确控告了。

有一次段长来视察铁路。因为三天以后有几位从彼得堡来的大人物要坐车经过这条线上：他们是来进行调查的，所以在他们经过之前，必须把一切安排得很有秩序。道床铺好了，路基弄平了，枕木仔细检查过了，道钉也敲进去了些，螺旋帽旋紧了，路标也漆过了，又吩咐了在双岔道上撒黄沙。附近那个道房的老婆子也把她的老头儿赶出来拔草。谢明也忙了整整一个星期；他把一切事情都弄得有条有理，补好他的外套[1]，拿一块砖把他的铜牌子擦得雪亮。瓦西里也努力工作。

段长坐着手摇车来了；四个工人摇着把手；齿车嗡嗡地响着[2]；手摇车一点钟走二十维尔斯特，可是轮子响得厉害。车子到了谢明的道房前面，他从屋里跳出来，照一个兵的规矩向段长报告。一切都显得有条有理。

“你在这儿很久吗？”段长问道。

1　外套：一种农民穿的长裾的外套。
2　英译本作“杠杆使得六个轮子发出营营声”。

“从五月二日起，大人。”

“对。谢谢。一百六十四号道房，是谁在哪儿？”

“瓦西里·司皮利多夫。”那个跟段长一块儿坐手摇车来巡视的稽查答道。

“司皮利多夫，司皮利多夫。……啊，就是您去年呈报过的那个人吗？”

“就是他。”

“哦，对，我们去看瓦西里·司皮利多夫去。走罢。”

工人们拿手放在把手上；手摇车开动了。

谢明望着手摇车，他想着：“哦，他们跟我邻人中间会有麻烦了。”

过了两个钟点的光景他出去查路。他看见有人从双岔道上沿着路基走过来，他的头上有什么白的东西看得见了。谢明注意地往那边看。这是瓦西里；手里拿着一根手杖，肩头扛着一个小包袱，他的脸颊给一方手绢儿包扎起来。

“邻人，到哪儿去？”谢明叫道。

瓦西里走得更近了。他的脸白得跟粉笔一样，眼里露着狂乱的表情。他结结巴巴地说：

“到城里去……到莫斯科……到局子里。”

“到局子里？哦！那么你是去控告去。得啦！瓦西里·司节潘尼奇，忘了它吧！……”

“不，朋友，我不会忘记。要忘记，也晚了。你看！他打了我的脸，流了血。只要我还活着，我不会忘记，我不会这样罢休的！”

谢明抓住他的手。

“丢开吧，司节潘尼奇，我老实对你说：你还是不做的好。”

“好又有什么用！我自己也知道我是不做的好；你从前讲过的关于好运的话是对的。我倒真是不做的好，不过人也应当出来拥护公理，朋友。”

“你告诉我究竟是怎么一回事罢？”

“怎么？……他什么都检查过了，就从手摇车上下来，看道房。我早已知道他很严，所以把什么都布置得十分妥当。他已经要走了，我却向他控告。他马上大声嚷起来。他说：‘政府的调查这就来了，你却为着菜园的事情来控告！’他说：‘枢密顾问官这就来了，你还在担心卷心菜的事！……’我忍不下去了，说了几句话，也没有几句，可是把他得罪了。他打我的脸……可是我呆呆地站在那儿，好像他打得应该似的。他们走了；我清醒过来，洗干净我的脸就走出来了。”

“道房怎么样呢？”

“我老婆待在那儿。不会误事的。不要去担心他们的路。”

瓦西里站起来，打起精神，说：

“再见，伊凡尼奇。我不知道，我会不会得着公道。”

“你一定不是走路去罢？”

“到了站上，我会跳上货车，明天就到莫斯科了。”

邻人们互相告辞；瓦西里走了，他好久都不在。妻子替他工作，日夜都不睡；她等着丈夫回来，弄得精疲力尽了。第三天调查团到了：火车头，行李车，二辆头等车，可是瓦西里还是不在。第四天谢明看见了他邻人的妻子；她的脸哭肿了，眼睛也是红的。

“你丈夫回来了吗？”他问道。

女人摇摇手，一句话也不说，只顾走她的路。

谢明还是小孩子的时候，他就学会了用山水杨[1]做笛子。他把山水杨杆子的心烧空，在必要的地方弄了一些洞孔，在一头做了一个吹口，便做成一支笛子并且调好音可以让你随意吹出悦耳的调子来。他在空闲的时候做出很多笛子，由他认识的货车管理员们替他送到城里市场上去；他靠每支笛子可以拿到两个戈比[2]。那一天[3]调查团来过之后，他把妻子留在家里，迎接六点钟的晚车，自己拿了一把刀子到树林里去砍点杆子。他一直走到他的地段的尽头（在这个地方铁路转了一个急弯），走下路堤进到山脚下树林里去了。大约有半个维尔斯特远的光景，有一个大的泥沼，在泥沼的四周长着给他做笛子用的上好的灌木。他砍了整整一捆杆子，便动身回家去。他走过树林里面；太阳已经在往下落了；在死一般的静寂中只听得见鸟的叫声和脚下枯枝的破折声。谢明迈着快步子急急地走着，他还没有走多久，就觉得自己听见了在什么地方铁跟铁撞击的声音。谢明走得更快了。这个时候在他的地段里面并没有修路的工作。“这是什么意思？”他想道。他走出树林的边缘——铁路的路堤高高地在他的眼前耸现了；在那上面，一个人蹲在

1　山水杨：英译本作“芦苇的一种”。
2　戈比：或译作“戈贝克”，俄国的铜板，一百戈比合一卢布。
3　原文作“第三天”。指瓦西里离开道房的第三天。和英译本的“那一天”意思同。

路基上忙着在干什么事。谢明静悄悄地朝着他爬上去。他想大概有人在偷螺旋帽罢。他小心地望着——那个人站起来，手里拿着铁杆；他用铁杆撬起了一节铁轨，把它移到一边去。谢明的两眼发黑；他想叫出来，可是他不能够。他看见是瓦西里，便拼命地跑过去，可是那个人拿着铁杆和螺旋钳急匆匆地朝另一边溜下去了。

“瓦西里·司节潘尼奇！亲父亲，好朋友，转来罢！给我铁杆！我们把铁轨弄好，没有人知道。转来罢，快把你的灵魂从罪孽中救出来。”

瓦西里连头也不回过来，他走进树林去了。

谢明站在撬开了的铁轨前面，他丢开了他那一捆杆子。

有一班火车要来了：不是货车，是客车。他手边没有可以用来拦住那班火车的东西：他没有红旗。他不能够把铁轨移回原处，也不能空手敲进道钉。他必须，绝对地必须跑回道房去，拿一点器具来。“上帝帮助我啊！”他喃喃地说。

谢明向他的道房跑去，跑得喘气了。他跑着——时不时地摔倒。他跑出了树林；离他的道房不过一百沙绳[1]了，他突然听见了远远的工厂的汽笛声。六点钟。再过两分钟七号车就到了。“上帝啊，救这些无辜的灵魂！”在他的想象中他好像看见了：火车头用它的左轮滚撞在那根撬开了的铁轨上头，震抖起来，向一边倾倒，弄断了枕木，而且就在那个地方有一个弯，火车头从十一沙绳高的路堤上摔下去——三等车里挤满了人，还有小孩子……他们现在都坐在那儿，一点儿也没有想到。“上帝啊，请指示我该怎么做！……不。要跑回道房再及时地赶回来是不可能的。……”

谢明不再朝道房跑去了，他却回转来，跑得比以前更快。他几乎是没有知觉地在跑着；他自己也不知道会发生什么事情。他一直跑到被撬开的铁轨那儿，他那一堆杆子还放在那个地方。他弯下身子，自己也不知道为着什么。抓起了一根杆子又继续朝前跑去。他觉得火车已经来了。他听见远远的汽笛声；他听见铁轨均匀地、轻轻地颤动起来。他没有气力再跑远了；他就在离那个可怕地点大约有一百沙绳光景的地方停下来：这时候一个思想到他的脑子里来了，好像射进来一线光似的。他揭下他的帽子，从帽子上撕下一块棉布；从靴筒里抽出他的刀来；他在自己胸前划了一个十字喃喃地说了一句：“上帝保佑我！”

他把刀戳进他的左膀，在肘拐以上的地方；血淌出来，成了一股红红的热

1　沙绳：俄国尺度名，一沙绳合中国六尺六寸。

流；他把那块布浸在血里，然后把它摊平，拿它缚在杆子上，于是他的红旗举起来了。

他站在那儿摇他的旗子，可是火车已经看得见了。

司机看不见他，会走近来的。可是一列载重的火车怎么能够在一百沙绳以内停下来呢！

血不停地流着；谢明把伤口的两边压紧在一块儿，想使伤口合拢起来，可是这也不能止血；分明是他把他的手膀割得太深了。他的头开始发晕；许多黑点子在他的眼前飞来飞去；随后就是一片黑暗；他的耳边响起了钟声。他看不见火车，也听不见闹声；他的脑子里就只有一个思想："我会站不稳，会倒下去，会扔掉旗子；火车会在我身上跑过……上帝啊，帮忙我。……"

他的眼前完全黑了，他的心也空了，他把旗子也扔掉了。可是红旗并没有落在地上：一只人的手抓住了它，迎着走近的火车高高地举起来。司机看见它了，便关上调节器，打倒车。火车停止了。

人们从车厢里跳出来，围成一大群。他们看见一个人失去知觉，躺在血泊里；另外一个人站在他旁边，手里拿着一根缚了一块血污的破布的杆子。

瓦西里朝四面看了看，然后埋下头来。

"绑住我，"他说，"我撬开了一节铁轨。"

一八八七年

附　旗号[1]

（俄国）迦尔洵　著　　巴　金　译

西孟伊凡罗夫是一个轨道夫。他的小屋离车站的一面有十俄里（译者注：一俄里合三千五百英尺。）离车站的别一面有十二俄里。大约在四俄里以外有一所棉花厂是去年开办的、他的高的烟囱黑暗地耸出树林的后面。这里周围的住宅、只是远远的别的轨道夫的小屋罢了。

西孟伊凡罗夫的健康已经完全损伤了。九年以前他曾在战场上服务、与一个军官做仆人。太阳曾烧灼他、寒冷曾冻伤他、饥饿曾困苦他、在寒暑晴雨之中、每日被迫着行四五十俄里的时候。弹丸曾在他身旁作响声。但是、感谢上帝！却没有一粒曾打着他。

西孟的军队有一次在火线上同土耳其人小战了整整一个星期、只有一道深的山谷把这两面对敌的军队隔开；从早到晚、他们只是为不变的十字的射击。西孟一日三次从营中厨房里把热气腾腾的茶缸同他的军官的饭食送到山谷里。枪弹在他的身旁轰着、并且利害地在岩石上炸裂。西孟很惊恐、有时还叫喊起来、但是他仍然前进。军官们都喜欢他、因为他时常为他们预备着热茶。

他从战场归来、四肢并没有残伤、不过因患风湿症而成跛足了。自此他就没有遇着忧患。他到了家才知道他的父亲、一个老年人同他小小的四岁的儿子已经死了。西孟和他妻子孤寂地居住着。他们不能做多的事。要用患过风湿症的手足去耕种是很困难的。他们不能再在这乡村里住了、于是他们便动身到新地方去找寻他们的幸福。他们沿着轨道在克森同唐士其那逗留了少许时间、但是没有地方

1　本译文发表在1922年成都《草堂》杂志第2期。署名“佩竿”。

找到幸运。而后妻子出去做工、而西孟仍然游来游去。有一次他偶然乘火车、到了一个车站、看见那站长的面貌似乎和他相熟。西孟看着那站长、站长也看着西孟、他们便彼此认识了。他曾在西孟的军队里做过军官。

“你是伊凡罗夫？”他说。

“是的、大人。”

“你怎样到这里来的？”

西孟就把一切都告诉了他。

“你要到哪儿去？”

“我不能告诉你、先生。”

“痴子！你说的‘不能告诉你’是什么意思？”

“我的意思就是我所说的、大人。没有地方我可以去的。我必要找工作做、先生。”

站长看着他、想了一下、说道：

“听着、朋友、且在这车站里住一些时候。我想你已经娶过了。你的妻子在哪里？”

“是的、大人、我已娶过了。我的妻子在葛司克为一个商人做工。”

“那么、写信与你的妻子叫伊到这里来。我要给她一张自由免费票交与伊。这里有一个轨道夫的位置空着。我要在区长那儿为你说去。”

“我很感激你、大人。”西孟回答说。

他住在车站里、在厨房里帮忙、砍柴、清洁天井、同打扫月台。过了两星期他的妻子到了、西孟便坐了手推车到他的小屋里去。那小屋是新造的、并且也还暖和、有尽量的木柴供他使用。那边有一个小菜园、是从前轨道夫的遗产。并且还有一块约莫半亩的耕地在铁路土堤的两边。西孟很欢喜。他便动手想做些农作、想买一只母牛同一匹马。

他领着一切必需的物件——一面绿旗、一面红旗、几个提灯、一个号角、铁锤、为旋螺钉用的螺钳、铁梃、铁铲、扫帚、铁条同些铁钉；他们给他两本行车规则同一张火车时间表。起先西孟夜里不能睡觉、把全张时间表都记在心里。在火车要到的前两点钟以前、他便要视察他所管的地段。坐在小屋前的凳上、且看且听：或是铁轨在震动、或是能听着火车的隆隆声。他甚至于把行车规则也记在心里、虽然他只能把每个字来拼着地读。

这是夏天；工作并不繁重；又没有雪可扫、而那条轨道上的火车又不是时常来往。西孟时常去视察他的区内、一日两次、查验各处并旋紧螺旋钉、使轨道平直、查看水管、然后才回家去做自己的私事。仅仅有一件不利的事——就是他每要做一件极小的事、也必要得到稽员查的允许。西孟和他的妻子便开始烦恼了。

两个月过了、西孟才起初认识他的邻人们、在他两边的轨道夫、有一个是老人、上司时常有意思要免除他。他很难走出他的小屋。他的妻子惯常做他的一切工作。那一个轨道夫、离车站近些、是一个年青人、虽然瘦小、却是勇壮有力。他和西孟第一次会面是在两所小屋中间的轨道上。西孟脱下他的帽子并且鞠躬。

“祝你康健、邻人。”他说。

这邻人斜眼地看着他。“你好么？”他回答着、便转过身走开了。

后来他们的妻子会着了。西孟的妻子便和伊的邻友们消遣了一天，但伊却没有说许多话。

偶然有一次西孟向伊（译者注：即邻人的妻子。）说：“少妇、你的丈夫是不多说话的。”

这妇人起先没有说什么、随即回答说：“但是他又有什么可说呢？每个人有他自己的职务。走你的罢、上帝与你同在。”

虽然如此、在别一个月以后、他们便熟识了。西孟便同瓦西里（译者注：就是西孟的邻人。）沿着轨道走着、坐在水管的边头、吸着烟、谈论生平的事。瓦西里大半静默着、只有西孟谈论他的乡村、同他经过的战役。

“我生平一点忧患都没有。”他就要说：“并且神知道我出世还没有许久。上帝还没有给我快乐、但是他要给我什么、就是什么罢。那就是这样、瓦西里司特板李支朋友。”

瓦西里司特板李支在铁轨上敲出他的烟管里的灰、站起来说道：“生命中跟随着我们的不是幸运、乃是人类。在这地球上没有比人类还凶恶的野兽了。狼并不吃狼、但是人却欣然地吃人呢。”

“呀、朋友、不要说那个；狼是要吃狼的。”

“我心里想起这些我就说这些。全是一样的、没有一样东西更比人凶恶了。若不是为着他的邪恶同贪婪、那就很能活下去了。每个人都打算刺痛你、咬你、吞你。”

西孟思索了一下。“我不知道、兄弟、”他说、“或者像你说的一样、或者这是上帝的意思。”

“并且或者、”瓦西里说、“同你谈话也是荒废时间了。把一切不幸的事委之于上帝、自己却坐着、忍受着、兄弟、这不是人、不过是一个禽兽罢了。这是我必须要说的。”他转身走开了、并没有说句告别的话。

西孟也起来。“邻人、”他叫道、“你为什么发怒呢？”但他的邻人并不回转头来看、只是向前走去。

西孟在他后面凝视着他、直到他转了湾看不见了的时候。他走回家、向他的妻子说：“爱利娜、我们的邻人是一个恶人、并不是一个人。”

虽然如此、他们并没有争闹。他们又会着了、讨论这个同样的题目。

“呵、朋友、若不是为着人的缘故、我们不会在这些小屋里面探索了。”瓦西里有一次偶然说。

“假若我们在这些小屋里面探索又怎么样呢？这并不是这样坏、你可以在他们里面过活。”

“在他们里面过活、真的！呸、你！……你活了许久只学得一点、看过的多而见到的少。在这里或那里的小屋里住着的一个穷人过的是那种的生活呢。那些食人者在吞你了。他们正在吸吮所有你的生命之血。当你成老人的时候、他们便把你丢去恰像丢弃果壳去喂猪一样。你得工钱多少？”

“并不多、瓦西里司特板李支——十二个卢布。（译者注：俄国银币、约值美金五角。）”

“我呢、十三卢布半。为什么呢？照章程说公司应该给我们十五卢布一个月、还有柴火油烛。谁规定你应得十二卢布、或我该得十三半卢布呢？问问你自己！你说一个人能靠那个过活么。你要明白这并不是一个半卢布或三个卢布的问题——甚至若他们把十五个卢布全给了我们的问题。前月我在车站。管理走过。我看见了他。我很荣幸的。他乘一部特别的头等客车。他走出来站在月台上……我将不在这里久住了；我要到某个地方、随便什么地方、对直往前走去。”

“但是你要到哪里去呢、司特板李支？好好地任其安静无忧罢。这里你有一所屋子、很和暖、还有一块小的田地。你的妻子又是一个工人。”

“田地！你该去看看我的那块田地。没有一枝嫩条长在这上面——没有东西。在春天我曾种了些卷心菜、恰当稽查员来的时候。他说：‘这是什么？为什么不曾报告这事？为什么你没有得到允许便做了这事呢？掘起来、连根都掘起来。’他是喝醉了。在别的时候他定不说一句话、但是这时这个刺触了他。三个卢布的罚金……”

瓦西里沉默了一会儿、吸他的烟管、便安静地说下去：“再多一点、我便要致死他了。”

“你性子太暴躁了。”

“不！我并不是性子暴躁的人、不过我说着真理并且想着罢了。是呀、他仍然要从我这里得到一点痛苦。我要去向区长伸诉、我们且看随后怎样！”瓦西里果然去向区长申诉了。

有一次区长来查看轨道。三日后、将有重要人物从圣彼得堡来这轨道经过。他们是来办理考察的事、所以在他们未到之先必要把各样事物都布置整齐。轨道中间的砂土铺好、轨盘也弄平直了、枕木小心地察看过了、道钉也敲进去些、螺钉旋紧些、柱子油漆过了、又命令洒些黄沙在轨道交叉的地方。在邻近小屋里的妇人便使伊的老年丈夫出去拔除野草。西孟作了整整一个星期的工。他把各样事物都布置整齐、补好他的长衫、把他的铜牌弄清洁并且磨得很亮。瓦西里也勤苦地作工。区长坐手摇车来了、四个人摇着车柄和槓杆使六个车轮呜呜地响着。这手摇车一点钟可走二十俄里、却只听得车轮的响声。车子到了西孟的小屋、他跑出来用兵士的礼式来报告了一番。一切实物都像在修理中。

“你在这里许久了么？”区长问着。

“从五月二日起、大人。”

“很好。谢谢你。谁住在一百六十四号小屋里？”

那车务稽查员（他是同区长一块儿在手摇车中游行的。）回答道；“瓦西里司毕利多夫。”

“司毕利多夫、司毕利多夫。……啊！他就是您去年所禀控的那个人么？”

“他是的。”

“那么、我们去看瓦西里司毕利多夫。往前走。”

工人们摇着车柄、手摇车便进行了。西孟注视着、并且想：“他们跟我邻人中间将有一番争扰了。”

大约两点钟以后，他出去值班巡视。他看见有一个人从转角处沿着轨道而来。他头上有一些白的东西。西孟留心地一看、这是瓦西里。他有一根手杖在他的手中、一个小包在他的肩上、他的面颊用一条手巾绷束着。

“你要到哪里去呢？”西孟叫着。

瓦西里走得很近了。他的面色很青白、像白墨一样地白、他的眼睛现出一种很凶野的样子。几乎气息雍塞说不出话来了、他喃喃地说：“到城里——到莫斯科——到总公事房去。”

“总公事房？呵、你是去申诉、我猜想着。算了罢！瓦西里司特板李支、把他忘记了罢。”

“不、同伴、我决不会忘记。这太迟了。看！他打我的脸、滴着血。只要我是活着、我定不会忘记的。我决不能像这样罢休了。”

西孟握着他的手。“算了罢、司特板李支。我要给你好的忠告。你不会有好处……”

“有好处！我自己也晓得我不会有好处。你说的关于命运是不错的。固然我不去做是要好些、但是一个人应该拥护公理。”

“但请告诉我、这事是怎样发生的？”

“怎样？他察看了各样东西、从手摇车里下来、看到小屋里面。我起先便知道他是严厉的、所以我各样东西都布置得整齐。当我向他申诉的时候、他正要走了。他便立刻叫道：‘政府的调查员要来了、你却来申诉菜园的事。国务委员要来了、你却拿卷心菜的事来困扰我！’我不能忍了、说了一些话——并不很多，但是触怒了他、他便打我的脸。我站着不动：我没有做什么、好像他所做的是完全不错的。他们走开了；我的知觉才回复过来、洗了的脸、便离开了。”

“那小屋又怎样呢？”

“我的妻子住在那里儿。伊会照料物件。他们的道路不必介意。”

瓦西里站起来、定了定神。“再会、伊凡罗夫。我不知道或者在总公事房我可以寻到一个听我申诉的人么。”

“你一定不动身去罢？”

“我打算在车站里乘一部货车、明天我就要在莫斯科了。”

这邻人们互相告别。瓦西里去了好些时候。他的妻日夜替他作工。伊不曾睡过、伊等候着她的丈夫、弄得自己疲倦极了、在第三天委员到了。一部机车、行李车、二辆头等客室车；但是桦西里仍然不曾回来。西孟在第四天看见他的妻子。伊的脸哭肿了、伊的眼儿也哭红了。

“你的丈夫回来了吗？”他问着。但那妇人仅仅做一下手势、一声不响地走开了。

****

西孟在他还是小孩子的时候就学会用一种芦苇来做笛子。他常常把芦梗的心烧空、在必要的地方弄起眼来、钻好、在一端做了一个吹口、并且把他们调和得这样好、差不多谁便什么调子都可以吹。在他空暇时候他做了许多这个、由货车司机人中他的那些朋友们送到城里的卖玩物的市场里去。他每支笛子得了两戈贝。（译者注：俄国铜币值卢布百分一之。）在委员来过的第二天、他留着他的妻子在家里候着六点钟的火车、他便去砍一些芦竿。他走到他所管的地段的末端——轨道在这个地方转了一个大湾——走下土堤、便走进在山脚下的树林里。大约在半俄里之外、有一个大沼泽、在这个地方、周围生长着茂盛的芦苇这就是为他做笛子用的。他砍了一束芦梗、便起身回家。太阳已经落下去、在这死沉沉的静寂里、只能听得着鸟的啁啾声和他的脚下的枯枝的断裂声。当他迅速地沿着路走着的时候、他觉得他听着铁与铁相击着的锵锵声、他便加重他的脚步。他所管的地段并没有在修理。这是什么意思呢？他走出树林、这铁路的土堤在他面前高立着；在这顶上有一个人蹲踞在轨道的轨盘上忙碌地做一些事。西孟便动手静静地向着他那里爬上去。他想这是什么人来偷钉在铁道的旋螺钉。他守着、这个人站了起来、拿着一个铁梃。他已弄松了一段铁道、所以这段铁道就会移在一边。他的眼前起了一阵雾、他要想叫出来、但是却不能够。这是瓦西里！西孟便爬堤去、这时瓦西里正拿着铁梃同螺钳急速地向别一边溜下去了。

“瓦西里司特板李支！我亲爱的朋友、走转来！把铁梃交与我。我们要把铁道照旧弄好；没有一个人会晓得的。走转来！把你的灵魂从罪恶里救起来罢！”

瓦西里并不回头来看、只是隐入树林里去了。

西孟站在折开了的铁道前面。他抛下他的一束芦竿。一辆火车是要到了：并不是货车、却是一辆搭客的车。他没有什么东西可以使这车停止着、没有旗子。他不能用他的空手使铁道复原位、又不能用空手敲进那些铁钉。他必须、绝对地必须跑回道房去、拿一点器具来。“上帝帮助我！”他喃喃地说。

西孟动身向他的小屋跑去。他已喘气了、但是还跑着、时时地倾跌。他已跑过树林；离他的小屋仅仅有百数尺、并没有更多了。这时他听着工厂里汽管的远远的叫声——六点钟！在两分钟的时候内第七号就要到了。“呵、主呵！怜悯无罪的人们罢！”在他的心里西孟好像看见火车的左轮撞着这段折松的铁道，震动、倾侧、折开、并且碎裂那枕木——恰恰在那里、有一个弯曲和那七十尺高的土堤、火车就跌倒下在这个地方——三等客车会压做一堆……小的孩子们。……现在都坐在车中、决没有梦想到危险。“呵、主呵！告诉我怎样做呢！……不。要跑回小屋去并且得如期回来是不能够的了！”

西孟并不跑回小屋、只转回来比以前跑得更快。他差不多机械地、盲目地跑着；他自己都不晓得将会怎样。他一直跑到折起的铁道那里；他的芦竿倒在一堆。他俯下去、不知做什么地握着一根、便更跑远些。他觉得火车来了。他听着远远的汽笛叫声；他听着铁道的安静的震动；但他的力竭了、他不能再跑远了、便停止了离那可怕的地方大约有六百尺。于是他脑里起了一种思想、照直说像一线光亮一般。他揭下帽子、从里面取出一张棉布领带、从他靴子的上部取出一把小刀来、自己划了一个十字、喃喃说道：“上帝保佑我！”

他把这小刀戳进他的左臂的肘上；血喷了出来、热腾腾地流着。他把他的领巾浸在这血里。把他弄平滑、缚在芦竿上、便举起了他的红旗。

他站着挥舞他的旗子。火车已经看得见了、司机人不会见着他——会走近来了、并且一辆重的火车在六百尺内不能停止着。

血不停流着。西孟将伤处的旁边挤拢来想合住伤口、但血还是不稍减。显然地他把他的臂曾砍得很深。他的头开始晕了、许多黑点在他的眼前跳舞着、随后便成全黑暗了。耳里便听着铃的鸣声。他不能看见火车或者听见响声。仅有一种思想占有着他。“我将不能再站住了。我要跌倒并且要丢下旗子；火车将要在我身上走过。帮助我、主呵！”

在他的面前一切都变成漆黑了、他的心成空虚了、他丢下他的旗子；但是这血污的旗子并没有落在地上。一只手握着他并把他高高举起去迎着这过来的火车。司机人望着了、开着节制器、倒转蒸汽机。火车就停止了。

众人从车里跳出来、集成一群。我们看见一个人无知觉地卧在路上、浸在血里、另一个人站在他的旁边、拿着一块血染污的破布缚着的一根芦竿。

桦西里向四面一看。于是、低下头来、他说：“缚住我。我折开了这段铁道。”

（从英译本译出）

16. 诗四首[1]

巴　金

哭

可是我连哭的勇气都没有了！
哭是弱者唯一的安慰呵！

沉　没

受尽了人间一切的痛苦以后；
那个乞丐便倒在街心寂然地死了！

锣　声

我偶然从梦中醒来
听悠悠地更夫沉重的锣声；
似乎都放在我底心上敲着？

1　巴金：《巴金全集》（第十八卷），人民文学出版社，1993。本篇最初发表于1923年1月20日《草堂》第二期，题为“小诗”。署名“佩竿”。

母　亲

母亲呵！
每当忍受人们的冷酷待遇时；
便自然忆起了[1]亡故的母亲呵！

1　最初发表时为“的”。

17. 诗四首[1]

巴　金

一

没有母亲保护的小孩，
是野外任人践踏的荒草呵！

二

一株被扎过[2]了的梅花在盆里死了。
她[3]的一生原[4]是这样的寂寞呵！

三

这个月夜与数年前的有什么分别呢？
但如今却只有我一个人徘徊了。

1 巴金：《巴金全集》（第十八卷），人民文学出版社，1993。本篇最初发表于1923年5月5日《草堂》第三期，原题“小诗”，署名佩竿。其中第二题后题作《寂寞》，发表于同年10月《妇女杂志》第九卷第十号。
2 最初发表时为“被花匠扎过”。
3 最初发表时为“伊”。
4 最初发表时为“只”。

四

小孩时代的光阴如梦如烟地便过去了，
只剩下如今的无声长叹了。

18. 报复[1]

巴　金

本年一月十七日是黄、庞二君被赵恒惕冤杀的周年纪念日。黄、庞二君被杀已有一年了，而赵氏还安稳地在湖南做省长，想起来实在令人愤怒。这首诗是在愤怒时做的，所以不象诗；但是只要能感动人，是不是诗也不要紧。

我们是量小的人，
一切过去的事都永远印在我们心上，
一刻也不能忘记呵！
我们的兄弟被冤杀了。
我们怎能忘记了么？
不！我们的心终究还在，
我们就实在不能忘记呵！
我们是要报复的，
我们的血要为着我们的兄弟而流的；
我们的血原也是我们兄弟的血呵！
一切有良心的朋友们：
我们用什么来安慰我们被冤杀的兄弟呢？
我们用什么来对待杀我们兄弟的仇人呢？
我们的兄弟正等着呵！

1　巴金：《巴金全集》（第十八卷），人民文学出版社，1993。本篇最初发表于1923年5月15日《孤吟》创刊号。署名“佩竿”。

呵，我们有的是“血”呵，
我们青年的热血呵！
我们快起来报复罢！
还等着什么呢？
未必要等到杀我们自己的时候么？
呵！良心在何处去了？
我们的兄弟原也是我们自己呵！
我们还是“人”呵！
我们有“人”的热血呵！
如果我们“人”的热血还没有尽冷，
这杀兄弟的仇终究是要报复的呵！
并且我们的兄弟也是为着我们
全人类的利益而死的呵。
我们是要报复的，
我们是要报复的。
我们绝对不能让恶魔安静地生存着，
因为我们终究还是“人”呵！
“你该死！”这是恶魔与我们“人”的宣战书呵，
也就是我们兄弟的“死刑判决书”呵！
如果我们能承认是“人”，
我们总要起来争回“人类之光荣”罢！
我们总要与恶魔决一死战罢！
这是我们与恶魔最后的决战呵！
一切有良心的朋友们：
我们记着我们兄弟的血，
预备着我们自己的血，
来与恶魔决一死战罢。
杀兄弟的仇是必要报复的呵！

19. 小诗[1]

巴　金

一

一株小草正想安静着，
忽然一阵风来，
便把它吹动了。
它真是不幸呵！

二

最可怜的是我家园里的桂花呵！
一阵的秋雨，
把它打落在地上；
一阵的秋风，
又把它吹到污泥里去了。

1　巴金：《巴金全集》（第十八卷），人民文学出版社，1993。本篇最初发表于1923年5月31日《孤吟》第二期。署名“佩竿”。

三

夜深了，
躲在床上的病了的我，
静听着一个蟋蟀的亲切的叫声。

四

笼中的鸟也曾高飞天空呵！
可是现在他嘲笑在空中彷徨的乌鸦了！

编后记

享誉海内外的文学大师、社会活动家、“人民作家”巴金是四川大学的杰出校友。1920年至1923年，他在四川公立外国语专门学校即今天的四川大学前身之一求学。为缅怀校友巴金“在对理想的憧憬和追求中，信念坚定，热爱祖国，热爱中国共产党，热爱人民大众”的伟大精神，在巴金先生诞辰110周年之际，四川大学档案馆（校史办公室）专门组织编写了《巴金与四川大学》一书。由于编者的水平有限，本书中的错误和缺漏之处在所难免，敬请各位专家和学者批评指正。

2014年11月25日上午，纪念四川大学著名校友巴金先生诞辰110周年座谈会暨《美丽人生》专题展开展仪式在四川大学校史展览馆隆重举行。巴金侄子、四川省文联名誉主席李致，四川大学原校长鄢国森教授，四川大学党委常务副书记罗中枢教授，四川省地方志编纂委员会副巡视员汪毅，《四川文艺》原主编、巴金研究专家谭兴国，曾八访巴金的原四川大学新闻学院院长邱沛篁教授，四川大学校长助理、党委学生工作部部长郭勇教授，四川大学党委办公室、校长办公室、党委宣传部、党委学生工作部、团委、教务处、人事处、社会科学研究处、档案馆（校史办公室）、文学与新闻学院、外国语学院的负责人和师生代表以及来自成都新闻界的代表出席了会议。会议由四川大学档案馆馆长兼校史办公室主任党跃武教授主持。罗中枢、李致、谭兴国、邱沛篁、汪毅等领导、专家和学生代表扈珅等分别发言。

正如四川大学党委常务副书记罗中枢教授所指出的那样，在巴金诞辰110周年之际，学校召开纪念座谈会，对激励和引领新时代学者与广大青年学子继承和发扬巴金先生的宝贵精神财富和高尚情怀，具有重要意义和价值。四川大学历经百余年发展，培养并涌现出包括巴金、朱德、郭沫若、杨尚昆、江竹筠（江姐）等在内的一大批国家栋梁和英才人物。我们要不断发扬学校的光荣传统，在四川大学全面深化改革中，将个人的本职工作和人生追求与学校、国家以及民族的奋斗目标紧密结合起来，为把四川大学建设成为中国一流研究型综合大学贡献力量，为实现“中国梦”和“川大梦”而不懈奋斗。

编　者

2014年12月